# 今、求められる 大学の「組織開発」

## 生き残るために戦略より必要なこと

新島学園短期大学学長
大学経営コンサルタント 岩田雅明 著

ぎょうせい

# はじめに

## ●大学の現状は

「我々が共有しているものは、給与システムと空調設備だけである」といった大学関係者の言葉を聞いたことがある。もちろん極端な表現ではあるが、同じ大学関係者として、うなずける言葉でもある。また、以前、ある大学の学長が、「学長というのは野球でいえば監督のようなものだと思っていたが、実際は違っていた。私がバントのサインを出しているのに、みんな構わず打ちにいっている状況だ」という話も聞いたことがあった。

このように、もともと大学というのは、命令系統が弱く、まとまりの悪い組織であったといえる。そして以前であれば、それが大学らしさだとうそぶいていても問題はなかったのであるが、18歳人口が減少しているにもかかわらず大学の数は増えているといった、完全な買い手市場となった今、学生に有用な価値を与えられる大学となるため、大学組織が一体となって戦略を考え、実行し、成果につなげていくことが求められるようになってくると、まとまりの悪さを放置していくわけにはいかない状況となってきている。

私が以前いた大学も、それぞれの部門、各個人は、それぞれの担当領域でいろいろなことを、それなりに行ってはいたが、それが一つの方向性に導かれていたとはいえない状況であった。今、大学のアドミニストレータを養成する大学院で、エンロールメント・マネジメントという科目を担当しているが、このエンロールメント・マネジメントを導入している大学で生じている課題も、自部門の都合を優先してしまうセクショナリズムを解消することが難しく、大学を挙げての支援とすることができていないという、大学のまとまりの悪さに起因するものである。

なぜ大学という組織は、これほどまでに一体となることが難しいのだろうか。その理由の一つには、皆で何かに取り組まなければならないと

いう意識を、持ちにくいということがあると思う。もちろん、自分のいる大学の評価が上がることは、ありがたいことであり歓迎すべきことではあるが、自分がそのプロセスに関わってまでして、大学の評価を上げようというインセンティブは働かないのではないかと思われる。大学の構成員の多数を占める教員の場合、自分の仕事は、研究と学生の教育という認識であろうし、組織への帰属意識も強固でない場合も少なくないと思われる。職員の場合、帰属意識はあるが、大学の風土からして、自らが中心になって、組織をまとめていくという役割を担いにくいということがあるのではないだろうか。

## ●今、求められる組織開発

　このような状況の大学を、どのように変えていったらいいのかという問題意識が、この本を書くきっかけとなった。和気あいあいとした雰囲気は大切なことではあるが、それだけでは厳しい環境下を生き抜いていくことはできないであろう。かといって、成果だけを追い求め、成果の出せない構成員を排除するような組織には、もちろんなるべきではない。これらを考えていく中で出てきたものが、「健全な組織」、「成果の出せる組織」、「学習する組織」という三つの組織像であった。大学が、この三つを兼ね備えた組織になれるならば、学生に対して有用な価値を与え続けることができ、教職員にとっても働きやすい、働き甲斐のある組織になれるのではないかと考えたのである。

　健全な組織となるためには、教職員同士、特に教員と職員が相互の働きを理解し、それに基づいた信頼関係を構築していくことが大切なことであり、そのためには平素のコミュニケーションの機会をきちんと確保し、その活性化を図ることが不可欠となる。相手の立場や働きに対して、深い敬意を払いつつも、よりよい状態を目指すために、言いたいことは言い合える、そのような組織としていくことが、いい大学をつくっていくためには必要なことであると考えたのである。

　また、組織として存続していくためには、皆で考え実行したことが、

何がしかの成果につながっていくことが必要となる。そのためには、適切に考えることのできる力を養成していくこと、それを着実に実行に移していける行動力が生じるような環境をつくっていくこと、そして何よりも、構成員が、それらを何としてでも成果につなげていこうとする、強い意欲が持てるような環境としていくことが不可欠となると考えたのである。

特に、これまで大学組織においては、着実に行動することや、教職員の意欲を高めるといったことに、あまり焦点が当てられていなかったように思う。計画通りできなければ、その理由を探すことで事足りていた、という状況であったように思われるし、意欲面に関しても、通常の努力の範囲内で業務を遂行していれば、問題視されるということもなかったと思われる。

それが、大学を取り巻く環境が変わったことにより、成果を出すということについて、教職員に意識を持ってもらうための工夫や、積極的な行動を生じさせるための風土づくり、仕組みづくりが求められるようになってきたのである。このことも、大学の組織開発を急務なものとする事情の一つとなっている。

三つ目の要素は、学習する組織というものである。環境が厳しくなってくると、これまで行ったことのない、新しい試みに取り組む必要が出てくる。それが成功することもあるだろうが、うまくいかないというケースも当然、生じることになる。それらの経験を生かすこと、すなわち、成功事例は応用できるものとし、失敗事例は修正のために活用するというように、経験、失敗から学ぶということが重要なことになる。

また、Plan（計画）、Do（実行）、Check（評価）、Action（改善）で成り立つ PDCA サイクルをきちんと回して、課題の発見、改善策の実施、結果の検証、改善策の修正といったプロセスをきちんと踏襲し、組織自らの改善能力を高めていくことが不可欠なこととなる。そしてその結果として、より精度の高い PDCA サイクルを回すことのできる組織としていくことも必要となる。

## ●戦略より必要なこと

　私自身、これまでの大学経営に関してのコンサルティングにおいては、いかにして適切な戦略を策定するかということに力を注いできた。それはもちろん大切なことに変わりはないが、いかに優れた戦略であっても、それがきちんと実行されないならば、成果には結びつかないことになってしまう。これまでのコンサルティングを振り返ってみても、程度の差はもちろんあるが、言ったことを実行してくれた大学はすべて、学生募集状況は改善されているのである。

　今回、組織開発を「戦略より必要なこと」としたのは、大学という組織においては、戦略を策定するという面よりも、策定した戦略を着実に、そして組織を挙げて実行していくといった面の方が、圧倒的に弱いと感じたからである。今後、18歳人口の減少は継続し、大学進学率の大幅な伸びは期待できないという、極めて厳しい環境下において、大学が備えるべきものは、戦略を着実に実行できる組織能力であると思う。そしてそれを可能にするものが、組織開発と言われるものである。

　一つでも多くの大学が、この組織開発に取り組み、組織を挙げて、学ぶ学生のために、働く教職員のために、そして社会のために、「いい大学」を目指して歩みを開始する、その一助にこの本がなれたならば、望外の幸せである。

　2022年8月

岩田　雅明

# 目　次

# 第 1 章

# 大学の組織開発

# 1 大学はなぜ動けないのか

## ●分かっているけど動けない

　大学組織の不思議さを感じさせられたことが、これまで度々あった。皆さんが既に見飽きていると思われるものに、18歳人口の推移を表したグラフがある。当たり前のことであるが、18歳人口の推移は、今後の18年間は確実に分かることである。18歳人口が205万人とピークだった1992年の段階で、18年後にあたる2010年の18歳人口が122万人になるということは、誰にでも分かることであった。ところが、そのことに対して策を打った大学は、あまり多くなかったというのが現実である。私が以前、所属していた大学（当時は短期大学）もそうであった。

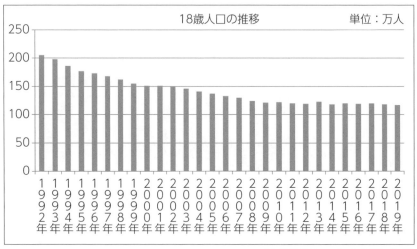

（文部科学省のデータを基に作成）

　1992年当時は、18歳人口が多かったため、どこの大学も十分な入学者を確保できていた（当時の定員充足率は大学117.7％、短期大学は126.6％）。中には入学定員の倍以上の入学者を入学させ、最初は教室が

窮屈だが、だんだん減っていくので大丈夫と、今、考えるととんでもない発言も聞こえてくるような状況であった。本当に人間というものは私も含めて、現状に満足していると、先のことを考えようとしないものである。そしてそのような大学の多くが、今、学生募集に苦しんでいると思われる。

　私のいた大学でも、誰一人として今後の18歳人口減に対して対策を立てなければならないというような発言をする者はいなかった。そして18歳人口の減少と、それにもかかわらずの大学の増加により、学生募集が極めて困難になった段階で、ようやく対策を講じる必要性に迫られ、四年制大学への改組転換を行ったが、十分に考え尽くした改組でなかったため、開学後、すぐに定員割れとなってしまったのであった。

　大学という組織は考えることを教える組織であり、データ等に基づいて研究をする組織であるから、本来ならば最も考える組織であっていいはずである。それなのに、なぜ考えることのできない組織となっているのであろうか。学生募集状況が悪化してきている大学のいくつかに関係したことがあるが、それらの大学でも、会議を開いて対策を皆で考えていたのである。しかし、なかなか取り巻く環境や、自学の状況を踏まえた適切な考察に至らないように感じられた。

　また、なすべきことはおおよそ決まったという状況であっても、肝心の行動に移すことができていないという状況もあった。これも以前、コンサルタントとして関係していた短期大学であるが、どのようなことを対策として行ったらいいかということについて皆で話し合い、結論を得たのであるが、いつまでたってもそれが実行されない。その後の会議で催促すると、確かに実行しなければ変わらない、即実行あるのみといった勇ましい意見は出るのであるが、それでも行動は出てこなかったのである。その後、何年かして、残念ながらその短期大学は消えてしまった。

## ●なぜ動けないのか

　だいぶ前の話であるが、大学改革に関する講演を行った講師から聞い

た話である。講演が終わった時に、その講師が「今日の講演を聞いて、参考になったと感じた人は手を挙げてください」と参加者に聞いたそうである。すると参加者全員が手を挙げたそうだ。次に「では、今日の講演の内容を自分の大学で実践できそうだと思う人は手を挙げてください」と聞いたところ、誰一人として手を挙げなかったそうである。まさに分かっているけど動けないという状況である。

　ではなぜ動けないのか。参加していた職員が若く、組織を動かす権限がないからなのか。いや仮に管理職であっても、組織を動かすのはなかなか難しいことである。以前、ある大学の改革に取り組んでいる教学の責任者と、事務局の責任者に対して大学運営のアドバイスをする機会が２年間ほど続いたのだが、その教学の責任者もこう漏らしていた。「ここで話していると気持ちも盛り上がり、さあ頑張るぞという気合も入るのだが、学内の会議で同じことを話しても反応がなく、空振りしている状態です」と。教学、事務局、両方の責任者で決めたことであっても、大学という組織では徹底できないというのが、残念ながら特別ではない現状のようである。

　これも少し前の話であるが、ある学長が話していた。「学長というのは野球でいえば監督のようなものだから、サインを出せばそのとおりに教職員が動いてくれるものと思って就任したが、実際はバントのサインを出しても平気で打ちにいくという状態です」と。組織のトップである学長が命じても動かない組織とは、きわめて不思議な存在であるといえよう。

　このような状況になった原因はいろいろ考えられるが、1990年代前半くらいまでは、18歳人口は多く、大学進学率も伸びていて、入学者が集まらないというようなことは考えられない、大変恵まれた環境であったため、組織としてまとまった動きをする必要性が感じられない環境であったということが、最も大きな原因ではないかと思われる。筋肉も使わなければ付かないのと同じように、大学の組織能力といったものも、全く使う機会がなかったため、組織として考えたり、行動したりと

いうことが身に付かない状況でこれまで来てしまったといえる。

18歳人口を表すグラフは、少なくとも今後18年間は、確実に右肩下がりを描いていく。このような危機的状況が明白な状況下であっても、組織を挙げて対応策を考え、展開しているとは思えないような大学が、少なくないように感じられるのは私だけであろうか。このような状況の中で求められるもの、それはまさに大学を機能する組織へと変えていくための、組織開発ということではないだろうか。

## 2 大学が果たすべき機能の変化

### ●大学が果たすべき機能 ───────────────

近年、大学に対しての社会の風当たりが強くなってきている。大学はきちんとした教育を行っていないのではないかということで、大学教育の質保証といったことも、近年、強調されているが、本来、大学も教育機関であるのだから、きちんとした教育をするということ、そしてそれによって学生を成長させることは、当たり前のことだといえる。

大学がこの点を意識せずに済んだのは、大学進学者が少なく、大学進学を希望する者は向学心が強く、基礎学力がある程度備わっているという状況、いわゆるエリート型の時代が続いていたからである。それが、大学進学率が上昇してマス型となり、大学進学率が50％を超えるユニバーサル・アクセス型の時代になって来たことにより、大学がこの機能を十分に果たしてこなかったということが明らかになってきたのである。

私が大学に入学した時であるから、今から50年以上も前のことになるが、最初のオリエンテーションで言われたことに、少なからずショックを受けた。多少ではあるが向学心を持って大学初年度の学びに取り組もうと思っている新入生に対して、卒業論文についての説明の際に、できれば卒業論文は書かないで他の科目で卒業単位を充足してほしいとい

う説明が行われた。その理由は、拙い卒業論文を読むのは教員にとって苦痛だからだということだった。冗談といった要素も多少はあったのかもしれないが、感じたことは、この大学の先生は、学生の成長を志向していないということであった。

それは、その後に開始された授業の中でも感じられた。文化人類学という授業であったが、優・良・可の評価で可の評価でいいという学生は、授業に出席しなくても可を付けてあげるというのである。つまり、当該科目にあまり興味のない学生に出席されるよりは、むしろ出てこない方がやりやすいということである。これから大学生活をスタートしようとしている新入生に対して、教員の方から、実質的な学びをせずに単位を取得できる不適切な道を示すということに、少なからず違和感を覚えたのは私だけではないと思う。

このような意識の教員は減ってきてはいると思うが、長い間、続いてきた大学のそのような状況が風土として根強く残っている状態で、マス型、ユニバーサル・アクセス型の時代を迎えたのであるから、学生を教育し、成長させ、社会に輩出するという大学の機能が、十分に果たせていない状況になっているのは、ある意味、当然のことともいえよう。

## ●状況認識の違い

進化論で有名なイギリスの自然科学者、チャールズ・ダーウィンが言ったとされる言葉がある。ビジネスの世界でもよく引用されているので、多くの方が知っていると思われるが、それは「最も強い者が生き残るのではなく、最も賢い者が生き延びるのでもない。唯一生き残ることができるのは、変化できる者である。」という言葉である。これを大学風にアレンジするならば、生き残る大学の条件は、大規模だということだけでなく、また偏差値が高いということだけでもなく、環境に対応した変化ができる大学であるということになるだろうか。

今から三十数年前になるが、私が以前、勤務していた学校法人が、1988年開学を目指して短期大学をつくる準備をスタートした。私も設

6

置準備室に所属し、設置申請に必要な書類づくりと文部省との交渉を進めていたが、当時は、新しい大学の設置は原則抑制という時代であったので、設置の必要性や学生確保の見通しを納得してもらうために、相当、苦労をしたことを覚えている。書類の差し替えで徹夜をするなど、申請時も大変であったが、何とか予定通り短期大学を開学することができた。

　開学初年度は12月の認可を待ってからの学生募集だったため、他の大学に比べてスタートは遅かったが、それでも多くの入学者を得ることができた。私としても、これから始まる短期大学の歩みに、暗い影を感じることは微塵もなかった。そのような時、順調な歩みを続けていて、社会で注目されている短期大学を見学するという企画の案内が来た。ぜひ、自学のこれからの歩みの参考にしたいと思い参加した。ヨーロッパの街並みを感じさせるキャンパスを見学したり、職員の方の説明を聞いたりなどして、プログラムは終了した。最後に、先方の常務理事が挨拶をしたのであるが、その中で衝撃的な発言をしたのである。それは「我々は、もう短大の時代は終わったと考えている」というものであった。

　多くの関係者が、多大なエネルギーを注いでようやく短期大学が開学し、教職員も希望に胸を膨らませて新しい歩みを開始したばかりなのに、短大の時代は終わったとはどういうことなのか。わが短大の時代は、これから始まろうとしているのに。目の前が真っ暗になったというほどではないが、前途に少し暗雲が立ち込めようとしているのを感じざるを得なかった。私たちの認識は、短大を開学できれば当分の間、安泰であろうというものであるのに対して、見学先の短大の認識は、これからは四年制大学の時代であり、短大は遠からず厳しい環境にさらされるというものである。この大きな認識のギャップは、どこからくるのであろうか。

## ●変化するためには

　変化しなければならないという意識になるのには、必ず何か理由がある。見学先の短大は、これからは四年制大学の時代であるという認識が

あるので、今後は四年制大学の設置という変化を目指すことになるだろう。わが短大は、短大を開学できれば当分の間、安泰であろうという認識であったから、この時点では変化は目指さないことになる。すなわち、変化するためには、変化するための理由が必要であり、その理由を持つためには、当該組織を取り巻く環境の認識と解釈が必要になるのである。

　ここで取り巻く環境の認識といっているのは、現状の認識だけでなく、現状みられる予兆などから推測できる今後の動向の予測も含めてということである。わが短大が開学した時点では、女子の進学先としては短期大学が一番人気であり、就職に関しても、四年制大学よりも短期大学の方が優れた実績を挙げていた。このことだけを見ていたならば、短期大学という現状を変える必要性は感じられない。しかし、この時点で女子の四年制大学への進学希望者が増加傾向になってきていることや、就職市場での女子に対する求人ニーズが、少しずつ四年制大学にシフトしてきているなどの状況認識があったならば、変化の必要性を認識できたことになる。

　前述のダーウィンの言葉、「唯一生き残ることができるのは、変化できる者である。」というのも、ただ変化すればいいということではもちろんなく、環境の変化に対応した適切な変化が必要であるということである。そしてそのためには、正確な状況認識と、それに基づく洞察が必要になる。私がいた短期大学を含め、大学は、この点が相当に不十分であったと思う。

　環境は、少しずつ変化するのである。少しずつ温度が上がる鍋に入れられたカエルが、逃げるタイミングを失して茹でガエルになってしまうように、環境の変化を予測できなかった大学が、茹でガエルになっているという状況が既に出現しているように思われる。

# 3 大学を動かすためには

## ●状況認識はあっても

　組織が変化するためには、変化するための理由が必要である。そして
その理由を持つためには、当該組織を取り巻く環境の認識と解釈が必要
になる。では、変化しなければならないという状況にあるということが
認識できたならば、変えるための動きが必然的に生じてくるのであろう
か。もしそうであるならば、現在、学生募集に苦しんでいる大学の多く
では、変化のための活動が盛んに行われていることになるはずである
が、必ずしもそのようにはなっていないようである。ここが、大学とい
う組織の厄介なところである。

　生活を改善しないと心臓病で死ぬと宣告されても、改善できる人は7
人に1人にすぎないという研究結果があるということを、本で読んだ
ことがあった。私自身を振り返ってみても、同じような状況があった。
若い時から喫煙を続けていたが、ある時、心臓に異常が見つかり、喫煙
を続けることは非常に危険であるということを医師から伝えられた。こ
れは大変だということで、禁煙に向けて役立つと思われる環境整備等を
開始したのである。

　新規にタバコを購入せず、現有のタバコが終わった時点から禁煙活
動をスタートしたのであるが、1週間続いては日曜日に吸ってしまった
り、1か月続いたからもう大丈夫と1本吸ってしまったりなど、数え切
れない程の挫折を繰り返しながら、1年以上の歳月を費やしてようやく
禁煙できたという苦い体験が思い出される。

　医師から、喫煙を続けるならば、心臓に悪い影響が確実に少なからず
出るということを通告されても、状況の改善には1年以上もかかった
のである。これが、心臓に悪い影響が出る可能性がある、あるいは肺が
んになるリスクが高まるというような、結果発生が確実でない状況で
あったならば、禁煙が成功したかどうかは分からない。つまり、悪い結

果の発生が不確実であり、仮に発生するとしても時間的に相当先のことであるという状況であるならば、変化への意欲は生じにくいのである。

これに対して、タバコを吸うことによって得られるリフレッシュ感といったものは、確実に、すぐに表れるものであるから、その魅力に打ち勝って、行動を変化させていくということは極めて難しいのである。

## ●危機感を共有する

大学という組織を動かして、状況を改善していこうとする場合には、この点を留意して進めることが望ましい。状況の悪い大学を何とかしようとして経営陣がよく行っていることに、教職員に対して危機感を伝えるということがある。18歳人口の推移のグラフを見せたり、大学の財務情報を伝えたりして、教職員に対して、いかに大変な状況であるかを認識してもらい、すぐにでも行動を起こさなければならないことを痛感してもらうためである。

私が以前、コンサルタントとして関わっていた短期大学も、そうであった。現状の深刻さを伝え、この学生募集状況が続くのであれば、遠くない時期に短大を閉じなければならないと、機会あるごとに理事長が伝え続けていたという。そのような時期に、アドバイスをする立場として関わったのであるが、何とかしなければという思いを持っていたのは少数の教職員だけで、ほかの教職員は話し合いの時には積極的な意見を出す者はいたが、行動に移そうとする者はほとんどいないという状況であった。

危機感を共有できたならば、組織は一丸となることができる。私が以前、所属していた大学でも、全員ではないが、ある程度の数の教職員が危機感を共有することができたため、改革を推進することができた。それは、その教職員達が学生募集の現場に立ち、市場からの評価を肌で感じることができたという環境があったからだと思う。

大学は恵まれた時代が長く続いていたため、今は厳しいが、そのうち何とかなるのではないかという意識も少なからずあるように思われる。

私がいた大学の管理職でも、学生募集には波があるから、今は悪くても、そのうち回復すると真顔で発言している者もいたほどである。そのような意識の人たちに、危機感を感じろと繰り返し情報を伝えても、なかなかそうはいかないというのが実情であろう。危機感に限らないが、状況を共有してもらうためには、言葉で伝えるだけでは駄目である。顧客や市場からの評価を聞く機会、できれば直接に聞き、体感できる機会を設定することが必要である。

　危機感を共有することのメリットは、組織に一体感が生まれ、改善すべき行動が迅速に生じることである。一方、デメリットは、危機的な状況が去ると、一体感が消失し、また組織がバラバラになりやすいということである。そして何よりも、危機感だけでは暗い雰囲気に支配されやすいということである。

## ●実感できる明るさを

　危機感を共有することのメリットを生かしつつ、そのデメリットを克服するためには、明るい未来も併せて示していくことが大切であると思う。私が、今いる短期大学を改善していくプロセスにおいても、そのことを実感した。この短期大学は厳しい状況が続いていたので、危機感については、嫌というほどに伝えられていたようであった。そのため、言われたことはやるが、その結果には期待していないというような雰囲気があり、当然、楽しく仕事をしているという状況ではなかったようである。

　学長就任時、この短大の未来は明るいというような話をしても、反応は薄く、空回りしているような状況であった。確かに、これまで経営陣の指示に従っていろいろなことを試みたが、一向に状況が改善しなかったという体験を持っている人たちなので、新しい学長が口先だけうまいことを言っても、簡単には信用できないという気持ちを持つことは、むしろ当然であったと思う。

　そこで私が考えたことは、教職員の負担なしに、少し状況を改善する

ことのできる方策を実行してみるということであった。なぜそう考えた
のかといえば、教職員の負荷を伴う改善策については、既に相当の拒否
感があるように思われたからである。高校訪問のロールプレイングまで
やらされたと聞いているし、その結果、良い方向に進んだという実感も
なかったと聞いていたからである。リーダーが示す方向性が適切なもの
であるということを、教職員の負担を増やすことなしに示すことができ
たならば、今回のチャレンジは有効かもしれないと感じてもらえる可能
性が高いのではないかという目論見であった。

　そして実際に行ったことは、広報活動の改善と、履修プロセスの明確
化についてであった。前者に関しては、これまでの抽象的なキャッチコ
ピーを、具体的なメリットの感じられるものに変えるという作業であっ
た。これについては、私一人で行った。後者については、在学生の声を
聴いたり、高校の先生たちの声を聴いたりして、本学が対象とすべき学
生像の明確化と、その学生たちのニーズに応えうる履修プロセスの整備
が、その内容であった。いずれの変更も、現状を大きく変えるものでは
なく、教職員に新たな、過剰な負担を与えるものではなかった（と思っ
ている）。

　そのため、これらの変更はスムースに進み、結果、オープンキャンパ
ス参加者の増加といった目に見える明るさを感じることができた。大学
という組織の場合、現場の負担を増やすことなしに改革をスタートする
ことが、組織を動かす秘訣のように感じている。


# 4　組織とは何か

●組織としての要素は ━━━━━━━━━━━━━━━━━━━━━

　ここまで、大学という組織はなぜ動かないのか、動かすために必要な
ことは、といったことについての考えを、私自身の体験から述べてきた
が、ここからは、それではそのような組織を、適切に機能するものに変

えていく組織開発とはどのようなものかについて考えていきたいと思う。そして組織開発を考える前提として、開発の対象となる組織とはどういうものなのかを、まず考えていきたいと思う。

　アメリカの経営学者であるC.バーナードによると、組織とは「2人以上の人々の、意識的に調整された諸活動、諸力の体系」と定義されている。これだけの文言では、抽象的すぎて明確なイメージを持ちにくいが、彼は組織が備えるべき要素として次の三つを挙げている。一つ目は、共通の目的を持つ人の集まりであるということである。二つ目は、組織に対して貢献したいという意欲を持った人の集まりということである。そして三つ目は、構成員の意思疎通が図られていること、すなわち円滑なコミュニケーションが確保されているということである。この組織が備えるべき三つの要素を見て、自分の大学は組織ではないと思った人も、もしかしたら、少なからずいるのかもしれない。

　では、この三つの要素について順に考えていきたい。まずは共通の目的についてである。組織がただの集まりではなく、組織といえるためには共通の目的が必要である。これがないならば、単なる集団、いわゆる烏合の衆になってしまう。例えば企業であれば、良い製品を生産する、消費者の暮らしを支援する、地域に貢献するなどが目的として挙げられるケースが多い。大学であれば、どのような内容の教育を、どのような方法で与え、どのような人材を養成するかということが、共通の目的といえよう。この共通の目的があることで、組織の構成員が同じ方向に向けて、力を結集することができることになるのである。

　次は貢献意欲である。自分が所属している組織に対して、少しでも貢献したいという気持ちを構成員が持つことが重要である。これが弱いと、報酬の見返りとして時間を提供しているというような働き方となってしまい、個々人のパワーの総和以上のパフォーマンスを発揮することができず、組織をつくった意味がないことになってしまうからである。この貢献意欲の有無、強弱には、前述の組織の目標が影響を与えることになる。すなわち、組織目標が意義あるものであれば貢献意欲は高まり、そ

うでないならば低くなってしまうことになる。

　三つ目は、コミュニケーションが豊かであり、構成員の意思疎通が図られているということである。これがあることによって、構成員間に信頼関係が構築され、共通の目的に向かって、お互いに協力し合いながら進むことができるようになるのである。この意思疎通に支障があるならば、リーダーと構成員、構成員間の認識や意識に不一致が生じ、効果的、効率的な組織運営が困難になってしまうからである。

## ●共通の目的を持つためには

　本来、組織の目標が決まっていないと動きようがないわけであるが、すでに動き出している組織の場合、日々の決められた業務を処理していきさえすれば、組織を動かしていくことは、それほど支障なくできるのである。大学の場合も同じで、どのような大学を目指すのかといった共通の目標を持っていなくても、もう少し入学者を増やしたいとか、もう少し教育環境を整えたいといった程度の目標でもあれば、もしくは、それさえなくても、日々の授業を行い、日々の事務を処理していれば大学は動いていくのである。実際、私の限られた知見ではあるが、抽象的でない、きちんとした組織目標を持って運営している大学はあまり多くないように感じている。

　しかしそのような状態では、組織に貢献しようといった意欲も生じにくいし、お互いに協力し合った活動というものも生まれてこない。すなわち、組織目標を持つということは、組織に必要な他の二つの要素にも影響してくる大切な要素なのである。もちろん、持つ必要のあるのは適切な組織目標でなければならない。すなわち、構成員が達成意欲を掻き立てられるような、意義のある組織目標の設定が必要となる。

　では、そのような組織目標を、大学はどのように設定したらいいのであろうか。そのためには、その大学が対象としている受験生や在学生といった関係者、それらの関係者やその大学を取り巻く市場や社会の現状と今後の動向、そしてその大学の個性、すなわち建学の精神や強みといっ

たことを正確に認識し、そこからその大学が目指すべき適切な姿を描くことが必要となる。

　対象としている受験生や在学生が、どのようなことを望んでいるのか、どのような課題を抱えているのか、どのような不安や不満を感じているのかといったことを聴くことのできるリスニングポイントを適切に設定し、認識していくことが必要となる。市場や社会についても同様である。教職員が、市場や社会の現状や変化に対して、意識のアンテナをいつも立てていることが必要となる。

　自学認識については、内部の構成員で話し合って認識していくことも大切であるが、それだけであると、当たり前のことであるが、認識の範囲が教職員の認識内のことに限定されてしまう。より客観性のある自学認識とするためには、教職員以外の関係者、例えば高校の先生や在学生が、その大学をどのように見ているのかについてヒアリングすることなども望まれる。

　このような作業を経ることで、顧客のニーズや課題に対応した、市場や社会の現状、今後の動向にも対応した、かつ自学の強みや自学らしさを体現できる、適切な組織目標としての目指すべき姿が明らかになるといえる。

## ●エンゲージメントとは

　組織に必要な二つ目の要素として、組織に対して貢献したいという気持ちを構成員が持っているということが挙げられている。組織に対する貢献意欲といって浮かんでくるのは、エンゲージメントという指標である。エンゲージメントという言葉が、これまで日常で使われてきたのは婚約という意味であったと思う。婚約の際に取り交わす指輪をエンゲージリングと呼んでいるが、正式にはエンゲージメントリングである。

　婚約という状態は、二人がお互いのことを思い合い、労わり合っている度合いが最も強い状態だと考えられている。これを組織と構成員との関係に置き換え、それぞれがどれだけ相手のことを思い合っているかを

測る指標が、最近言われているエンゲージメントという指標である。そしてこの指標が、日本の企業では大変低い状況になっているのである。

米ギャラップ社が 2018 年に実施した、世界各国の企業を対象とした従業員のエンゲージメント調査によると、調査対象 139 か国中、日本は 132 位と最下位レベルであることが報告されている。具体的な内容としては、日本では「熱意あふれる社員」の比率がわずか 6％と低くなっているのに対し、米国は 32％ と高い率となっている。また、「周囲に不満をまき散らしている無気力な社員」の比率は 24％、「やる気のない社員」の比率は 70％と、組織の状態としては極めて深刻なものとなっている。

これまでのイメージとしては、日本人は組織に忠誠を尽くす、いわゆる滅私奉公という面が強く、アメリカ人は割り切った働き方というものであったが、現状は逆の結果となっている。これは、どのような理由からなのだろうか。


# 5　組識の現状は


## ●エンゲージメントを構成する要素は ━━━━━━━━

社員と会社が、どれだけお互いに相手のことを思い合い、労わり合っているかの度合いをエンゲージメントといい、それが日本の場合、非常に低いということは前述したが、それは、12 の質問によって測定されているとのことである。その質問とは、次ページのとおりである。

これらの質問に対して、5 点満点で該当の状況を答えていくというものである。もちろん当てはまる度合いが高いほど、エンゲージメントの度合いが高いということになるのである。この質問を見ていると、次のような要素で構成されていることに気づかれると思う。一つは、その人が、あるいはその人の仕事が周りから認められているという要素である。Q1、Q4、Q5、Q7、Q8、Q11 などが該当するであろう。二つ目

Q1：職場で自分が何を期待されているのかを知っている
Q2：仕事をうまく行うために必要な材料や道具を与えられている
Q3：職場で最も得意なことをする機会を毎日与えられている
Q4：この7日間のうちに、よい仕事をしたと認められたり、褒められたりした
Q5：上司または職場の誰かが、自分をひとりの人間として気にかけてくれているようだ
Q6：職場の誰かが自分の成長を促してくれる
Q7：職場で自分の意見が尊重されているようだ
Q8：会社の使命や目的が、自分の仕事は重要だと感じさせてくれる
Q9：職場の同僚が真剣に質の高い仕事をしようとしている
Q10：職場に親友がいる
Q11：この6カ月のうちに、職場の誰かが自分の進歩について話してくれた
Q12：この1年のうちに、仕事について学び、成長する機会があった

は、成長の機会が与えられているという要素である。Q2、Q3、Q6、Q9、Q12などが該当するであろう。

## ●エンゲージメントを下げているものは ─────

　すなわち、エンゲージメントの度合いが低いということは、我が国の職場内には、この二つの要素が欠乏しているということを表しているといえる。一つ目の「認められている」という要素については、どうだろうか。日本では昔から、感じていることを素直に口に出すことについて、あまり「良し」としない文化があるように思われる。「言わぬが花」とか、「阿吽の呼吸」などといった言葉が表しているように、口に出さないコミュニケーションの方が粋であり、レベルの高いもののように考えられていた。そして、これが日本人は何を考えているか分からないと、アメリカ人などから批判される所以でもある。

　したがって、職場で部下が優れた仕事をした場合であっても、心の中では褒めているが口には出さない、口に出さなくても分かるだろうというコミュニケーションになっているケースが多いのではないだろうか。しかし一般的な人間関係であれば、口に出して褒められないということ

は、評価されていないと理解してしまうことになり、前記の質問に対する答えも「No」ということになってしまうだろう。

　また日本の場合、従業員を給与の代わりに労働力を提供してもらっている人、すなわち使用人的に考えていた風潮もあり、やって当たり前、うまくできて当たり前ということで、従業員のモチベーションを高めるという意識が、経営陣に不足していたというケースも少なくないと思われる。

　二つ目の要素、「成長の機会」についてはどうであろうか。成長を生み出す主な活動は、教育である。企業における教育には、OFF-JT（現場を離れて行う、研修など）とOJT（現場において業務を遂行しながら行われる教育・指導）の二つがあり、日本の企業ではOJTの比率が高いといわれている。OJTが成り立つためには、部下を育てるという利他的な行動に対して、一定程度の評価が与えられていることが必要である。それが成果主義の導入により、目に見える形での成果のみが評価の対象となり、OJTの基盤が揺らいでしまったのである。

　また、今や多くの大学に導入されている、目標管理制度もしかりである。部下や後輩の指導は、相手もあることなので、必ずしも短期間で良い結果が出ないこともある。つまり、部下の教育は、目標として設定すると効率の悪いものになってしまうのである。このようにして、教育という利他的な行動が評価されない風土がつくられ、働く人たちの成長の機会が減少してきたのである。

　ブラック企業と称される組織の出現も、背景を同じくしている。大量に新卒を採用し、1年後には半分以上が退職してしまうような状況も見受けられた。そこには教育して成長させるというような意識はなく、その環境に適応できた者だけが残ることで、組織の体力を維持していこうという考えしかない。働く人ではなく、組織の維持に焦点が当てられていたのである。

## ●構成員の意思疎通

　組織が備えるべき三つ目の要素は、構成員の意思疎通が図れているということである。この点に関しても、職場の環境は良くない方向に進んでいるように思われる。大学で考えてみても、昔であれば、口頭で伝えることが職場内のコミュニケーションの中心であったが、パソコンが普及してからはメールでの連絡で済ませてしまうケースが相当に増えていると思う。メールでの伝達も情報伝達ということでは問題はないのであるが、多少なりとも感情が絡むようなやり取りの場合は、文字だけだと微妙なニュアンスが伝わらず、誤解による軋轢が生じることになりかねない。

　また、以前であれば、業務に集中しなければならない時間以外は、仕事に関する相談や雑談をして時間を過ごすことも多かったが、一人に一台パソコンが与えられてからは、一人で画面を見ている時間が圧倒的に増えているように感じている。私の職場でも、後ろ側から事務局をのぞいてみると、全員がパソコンの画面を見ているというシーンが多く見られる。静粛であるという点では真剣に業務に取り組んでいるようにも感じられるが、それぞれがバラバラで、組織として一体となって動いていないと感じられることも多い。

　組織に必要とされる要素としてまず挙げられていたのは、「共通の目的」を持っているということであった。この共通の目的の実現に向けて、積極的に行動していくためには、前述の、構成員の組織に対する貢献意欲が必要となる。そしてそれだけでなく、共通の目的に向かって効果的、効率的な活動を展開するためには、各構成員の努力の方向性を確認し、それを検証し、修正していくことが求められることになる。そしてそのためには、日常の業務遂行に関して、組織目標との整合性、有用性を不断に構成員間で点検し合うことが必要であり、そのためには頻度の高いコミュニケーションの機会が確保されていることが不可欠となる。

　これまで述べてきたことから分かるように、組織の三要素は、それぞれ独立したものではなく、それぞれが関連し合って組織を機能させてい

るものである。つまり、どれが欠けても、組織としての機能を充分に果たせないことになってしまうのである。この三つの要素を、いつも備えていられる組織としていくことが組織開発の目的といえよう。

## 6　組識開発とは

### ●組織開発が目指すものは

　組織開発とは、1950年代の終盤にアメリカで生まれた「Organization Development」という考え方の訳語である。Organization は組織のことであり、Development とは発達、発展、成長を意味する言葉なので、直訳すれば組織の発達、成長を図るという意味になる。組織が備えるべき「共通の目的」「貢献意欲」「意思疎通」といった三つの要素を備えた組織となるように、組織を変えていく、整えていく、改革していくということである。

　発達や成長を図るという場合、一般的には目指すべき姿、方向性といったものが想定されていることになる。すなわち、目指すべき姿に向けて発達していく、成長していくというように、ゴールがないと開発も進みにくくなってしまうからである。では、そのゴールとはどのようなものであろうか。

　組織開発のゴールを考えるためには、なぜ組織をつくるのかという、組織をつくる目的について考える必要がある。組織をつくる目的は、組織をつくることによって、より効率的に、より効果的な成果を挙げられるようにするためである。そしてそのためには、構成員が協力し合うこと、構成員一人ひとりが成長できる場であること、構成員の意欲が高まる場であること、構成員の積極的な行動が生まれる風土であるといった要素が必要となる。これが組織開発のゴールといえよう。

　組織開発というと、誰かが外部から組織を変革していくというイメージで捉えやすいが、個人もそうであるが、外部から変われと言われて

も、そう簡単には変わらないものである。やはり、自らが変わろうという意思を持ち、変化に必要な行動を起こしていかなければ変わらないのである。組織も同じで、組織の内部から変化しなければならないという動きが起こることが必要なのである。

　前述のとおり、18歳人口が大幅に減るということが分かっていても、その対応のための変化が多くの大学では生じなかったのである。大学の職員の方たちと話すと、自分の大学や部門が変わらなければ駄目だと感じている人は、非常に多いように感じる。でも、なぜか変えられないのである。ある広報担当の若い職員が、研修会で他の大学の活動事例を聞き、刺激を受け、自分の大学でも取り組もうという思いを強くした。しかし、職場に戻ると、なぜか新しい動きを起こすことができないのである。

　企業の人事担当者の方が、メンタルに問題が生じた社員に対してカウンリング等の支援を行い、良くなったところで元の職場に返すと、また同じように悪くなってしまうと話していた。すなわち、個人レベルでの気づき、意欲、変化といったことは組織の風土を変えるほどの力とはならないのである。各大学でも、毎年、さまざまな部門の研修会に教職員を派遣していることと思うが、もしかしたら、あまり効果の期待できないものとなっているのかもしれない。

## ●ダイバーシティ

　近年、女性の活用といった観点や、グローバル化への対応といった話の中でダイバーシティという言葉が良く使われるようになってきた。ダイバーシティとはダイバーシティ・マネジメントのことで、人種や性別、価値観などの異なる多様な人材を受け入れ、その多様性を生かした組織をつくることで、組織の競争力を高めていこうという取り組みである。アメリカにおいてマイノリティーや女性の積極的な採用、差別のない処遇を実現するために出てきた考え方で、その概念が広がりを見せ"多様な働き方"を受容する考え方として使われるようになったものである。

そして、もともと人種のるつぼと言われるほど多様な人たちで成り立っているアメリカでは、このダイバーシティ・マネジメントを機能させるために、組織開発という考え方が必要とされたと言われている。反対に、価値観、ライフスタイルもステレオタイプであり、あまり多様性のなかった、これまでの日本の社会においては、組織開発という考え方はあまり必要とされなかったのである。

　30年ほど前の筆者が30代頃までは、大学の職員は全員が正職員であった。終身雇用が当たり前だったので、皆、定年まで勤めあげるつもりであったと思う。昇進も年功序列が原則であり、評価制度もなかったので、ある意味、のどかで和やかな職場風土であった。給与ベースも昇級もきちんと保証されていたので、勤めたら車を持ち、30歳頃までには結婚し、40歳頃には家を持つ。残業もあまりなく、週末はプライベートな時間が確保できるという働き方であった。それは、高度経済成長時代という環境の影響も大きかったように思われる。

　それが今日のように経済成長は鈍化し18歳人口が減り続けるという、大学にとって厳しい環境になってくると、のどかな働き方は許容されなくなり、職場内にも評価制度といった競争環境がつくられ、和やかな職場風土は消えつつあるように思う。また、環境が厳しくなったことに伴い、正社員でないパートや嘱託、派遣といった多様な働き方が大学にも導入されるようになった。加えて、情報化や国際化の急速な進展により、働く人たちの価値観、ライフスタイルといったものも多様化するようになってきている。そしてそれらが、組織の風土を悪化させ、組織のまとまりを減少させているように思われる。

## ●組織風土とは

　組織開発のゴールとして、構成員が協力し合え、構成員一人ひとりが成長でき、構成員の意欲が高まり、積極的な行動が生まれる風土の組織を目指すと述べたが、風土を変えるためには、風土が何によってつくられるのかを把握する必要がある。組織風土とは、無意識的に共有されて

いる、その組織特有の考え方、行動のパターンである。それは、多くは経営陣や管理者の考え方、行動がある程度の期間、繰り返されることによって、つくられるものであると思う。

　売上を上げることが至上命令であれば、部下は無理をしてでも売ることに努めるようになるし、顧客満足を最優先とする組織であれば、顧客視点で考え、行動するようになる。失敗が厳しく叱責される組織であれば、部下はミスを何としてでも隠そうとするようになるのであるし、新しい提案が無視される組織であれば、新しい提案を考えようとはしなくなるのである。私の知っている大学の若手職員も、いろいろと新しい提案を上司に出しても一向に取り上げてくれないので、やる気がなくなってしまったと言っていた。

　では、経営陣や管理者の考え方や行動が変われば風土は変わるのかといえば、そう簡単にはいかない面もある。特に、命令系統があまり強く働かない大学組織の場合は、その面が強いと思われる。それは教職員の関係性という要素である。私の短大でも、教職員が気楽にコミュニケーションをとれる場である「飲み会」というものが全くなかったのである。私は、そのような機会を増やすことも、職場の活性化、風土を変えることにつながると考えていたので、新任の歓迎会から始めて、暑気払いや忘年会などを実施してもらった。

　歓迎会は公式な行事という要素が強いので、ある程度の参加者は得られるのであるが、それ以外は極めて少数の参加者しか得られないのである。同僚と仕事以外で話す必要性を感じていないのか定かな理由は分からないが、このような状況なので、情報の共有や業務の連携といった面がまだまだ弱いのである。このような状況を変えていくことも、組織開発の第一歩といえよう。

# 7　組織開発の構造

## ●組織開発の三つの視点 ━━━━━━━━━━━━━━

　組織開発のゴールとして組織をつくる目的を達成すること、すなわち、より効率的に、より効果的に成果を挙げることのできる組織になることであると述べたが、それを実現するためには次の三つの視点が必要となる。一つは、健全な組織、健康な組織となることである。最近、ブラック企業の反対の概念としてホワイト企業といった言葉も聞かれるようになったが、これなども同じ志向であると思う。では、健全な組織とは、どのようなものであろうか。詳しくは後述するが、一言でいえば、それは働きやすい組織ということであろう。

　二つ目の視点は、成果を出すことができる組織ということである。組織をつくる目的は、一人ひとりが個々に活動するよりも、より大きな成果を挙げられるようになるためだからである。大きな成果を挙げるためには、構成員一人ひとりの能力を高めることが必要となる。また、意欲も高くなければならない。そして実際の成果に結びつくためには、積極的な行動が生じるといった環境であることも必要となる。そして何よりも、人の集まりである組織としてより大きな成果を挙げるためには、個々ばらばらの活動ではなく、組織としての活動となるようにするための、協力し合うという関係性が不可欠となる。

　三つ目の視点は、学習する組織というものである。アメリカの経営学者であるピーター・センゲが広めた「学習する組織」の概念は、システム思考やメンタルモデルなどの五つの要素を基盤としたものであるが、ここではもっとシンプルに、成功や失敗などの経験を活かして次につなげていけるようにすること、改善を常に図っていること、といった要素を持つ組織を学習する組織という意味で使っていきたいと思う。すなわち、組織としての経験が、組織の知恵として蓄えられ、活用されている組織ということである。

この三つの視点は、それぞれ独立したものではなく、働きやすい組織は構成員の関係性がいいということになり、それは成果を出すための重要な要素である、協力し合う関係ということにも通じることになる。そして成果を挙げるための構成員の能力開発は、学習する力を持つ組織となるための必須の活動ともなるのである。

　この三つの視点を皆さんの大学に当てはめてみると、どうであろうか。教員と職員の関係性はどうであろうか。上司との関係はどうであろうか。教職員の能力開発の仕組みはできているだろうか。機能しているだろうか。組織としての経験が、知恵として蓄積され、活用されているだろうか。

## ●ストレスを生むものは

　健全な組織とは働きやすい組織であると前述したが、働きやすい組織とはどのような状態の組織なのであろうか。自分自身の経験からして、働きやすい組織の絶対条件は、ストレスの少ない組織ということだと思う。仕事の難易度が高いことや、量が多いといったことも、もちろんストレスの原因となるが、やはり多かったのは上司の適切なマネジメントの欠如に対しての不満や、教員との埋められない意識の溝といったものに起因したものであったように思う。

　上司のマネジメントの適切さは、働きやすい職場をつくれるかどうかに、大きく関わってくるといえる。チューリッヒ生命が毎年実施している、「ビジネスパーソンが抱えるストレスに関する調査」というものがある。それによると、2017年、2018年とも職場のストレスの原因として最も多かったものが、上司との人間関係によるものであった。2019年はパワハラへの規制が厳しくなったことによるものなのか4位に後退しているが、それでも3割弱の人がストレスの原因として挙げている。残念ながら大学版の調査はないようであるが、実施されたならば上司との人間関係が上位にランクインされることは、多くの大学関係者と話した経験から容易に推察できるような気がする。

## ●良い人間関係を築くには

　職場にいる人たちを、四つの「じんざい」として分類することがある。素材としての「人材」、いては困る存在の「人罪」、ただいるだけの「人在」、財産としての「人財」の４種類である。そしてこの四つを分けている基準軸として、縦軸に「将来性」、横軸に「実績」を設定している例も多い。各「じんざい」に該当している人たちの現状を表すものとしては適切であると思うが、マネジメントの関係から考える際には、横軸を「仕事力」、縦軸を「人間関係力」（他人の気持ちが理解でき、その状況に応じた適切な言動を取ることのできる力）とするのが分かりやすいと思う。

　ストレスの主要な原因の一つとして、上司の適切なマネジメントの欠如ということを挙げたが、それは上司がどの「じんざい」に該当するかに関係してくる。管理職になる人はどのような人が多いかといえば、業務処理能力が高く、その面で実績を挙げた人である。したがって管理職の多くは、仕事力が高いので、図表の右側にいることになる。そしてその人の人間関係力が高ければ、職場の財産としての「人財」となり、適切なマネジメントが行われることになる。

仕事力→

　しかし、もともと人間関係力の高い人がそう多くいるわけではないし、業務能力の高い人は得てして人間関係よりも業務の遂行を重視する面が強いようにも思われる。そして大学も含めて日本の職場の場合、業

務遂行力を高める研修等は行われているが、人間関係力を高めるための研修といったことは、あまり行われていないように思われる。そうであると、管理職の多くは図表右下の「人在」に所在するようになってしまうのである。これが、上司との人間関係に起因するストレスを生んでいる理由ではないだろうか。

　最近、大学から管理職研修を依頼されることが増えてきたが、その際には、必ず人間関係力を高めるための視点を盛り込むようにしている。そしてこれは管理職だけでなく、すべての人が身に付けるべき力であると思う。先に紹介した「ビジネスパーソンが抱えるストレスに関する調査」でも、上司との人間関係だけでなく、同僚との人間関係もストレスの原因として上位に挙げられている（2017年4位、2018年2位、2019年は上司との人間関係を超えて3位）。

　これについても、いろいろな原因が考えられる。業務量の増加に伴う役割分担の調整、多忙によるコミュニケーション不足、評価制度等の競争環境が持ち込まれたことによる互助精神の弱化、といったことも原因としてあるだろうが、良好な人間関係を構築しようという職場の意識がないことも大きな原因ではないだろうか。職場には、「仲良しクラブ」の要素が絶対に必要であると思う。

# 第 2 章

●●●

# 健全な組織をつくる

# 1 信頼関係を構築する

## ●信頼関係の力

　組織をつくる目的を達成するための一つの要素である健全な組織となるためには、働いている構成員の間に良い関係性があることが不可欠となるが、皆さんの大学等ではいかがであろうか。もちろん表立って対立している、いがみ合っているというような状況はないであろうが、教職員お互いが尊重しあい、信頼しあっているという、良好な関係性が築かれているだろうか。

　神経経済学の研究者であるポール・ザック神経経済学研究センター所長は、組織の信頼度が上位4分の1の企業で働く従業員は、下位4分の1の企業で働く従業員と比べ、生産性が50％、仕事に対するやる気が106％、勤務中の集中力が76％上回っていると報告している。そして、当然ではあるが、信頼関係が強い企業に勤めている従業員の方が、現在の仕事に対しての満足度も56％高くなっている。

　また、アメリカのコンサルタント会社の調査でも、高い信頼関係が築かれている企業は、信頼関係の低い企業の3倍近くの配当を出している、すなわち良好な成果を挙げていることが明らかになっている。『7つの習慣』を著したスティーブン・M・R・コヴィーも、「高い信頼がお粗末な戦略を救うとは限らないが、低い信頼はほぼ間違いなく優れた戦略を挫折させる」と言っている。

　2019年のラグビーワールドカップで準々決勝進出という、予想を大きく上回る好成績を上げた日本チームは、半分近くが外国人選手という、きわめて多様性の高いメンバー編成であったが、「ワンチーム」を合言葉に、強い信頼関係を築いた結果の好プレーであったことが、見ている私にも感じられた。ラグビーにおいては高い信頼関係を持った集団をつくることに成功した日本であるが、職場ではどうかというと、なかなか厳しい現実に直面することになるようである。

日本のコンサルティング会社が行った、ブラジル、中国、ドイツ、インド、日本、メキシコ、英国、アメリカの8か国の社員を対象とした職場における信頼関係調査では、会社への信頼（21%）、上司への信頼（22%）、チーム・同僚への信頼（22%）と、いずれについても日本が8か国の中で一番低い結果となっている。この原因としては、これまで述べてきたように、組織目標への共感度合いの低さや、上司の適切なマネジメントの欠如といったこともちろんあると思われるが、信頼関係を重視する、醸成するという意識が弱かったことによるものも少なくないと思われる。

## ●信頼関係構築に必要なこと

　信頼関係構築の第一歩として必要なことは、相互理解であると思う。人間の脳は、「知らないイコール危険」と判断するとも言われているが、あまりよく相手のことが分かっていない状況であれば、心を許さないことになるのは当然のことであろう。職場の同僚等の場合、もちろんある程度は相手のことを知ってはいるのだが、知っているのはその人のごく一部分にすぎないという場合も、もしかしたら少なくないのではないだろうか。

　アメリカの心理学者ジョセフ・ルフトとハリ・インガムは、人間には対人関係において四つの領域があることを説いたが、その説明に用いられたものが二人のファーストネームをとった「ジョハリの窓」といわれるものである。この中の、「開放の窓」の領域が広い人同士の間には、相手を理解していないことによるミスコミュニケーションが生じる可能性は低いことになる。これに対して、「盲点の窓」や「秘密の窓」の領域が大きい人同士の間では、理解不足によるコミュニケーションの行き違いが起こりやすいことになる。

**ジョハリの窓**

|  | 自分は知っている | 自分は気づいていない |
|---|---|---|
| 他人は知っている | 「開放の窓」<br>自分も他人も知っている自己 | 「盲点の窓」<br>自分は気がついていないが、<br>他人は知っている自己 |
| 他人は気づいていない | 「秘密の窓」<br>自分は知っているが、<br>他人は気づいていない自己 | 「未知の窓」<br>誰からもまだ知られていない自己 |

　「開放の窓」を大きくするために必要なこと、それは自己開示することと、相手を理解しようとすることである。職場でのコミュニケーションは、どうしても業務遂行に伴うものがほとんどとなる。そのようなコミュニケーションの中で理解できる相手の領域は、おのずと限られたものになってしまう。そこを広げるコミュニケーションの場として挙げられるのが、「飲み会」である。

　飲み会の席であれば、当然、プライベートな部分にも話が及ぶことになり、相手を理解する範囲が広がることになる。すなわち、「開放の窓」が広くなることになる。日本航空の再建でも有名な名経営者、稲盛和夫氏が創業した京セラ本社には、100畳の大広間がある。そこで「コンパ」と称される飲み会が頻繁に開かれている。工場の多くにも畳の部屋が設置されていて、多いところでは年間350回ものコンパが行われているという。

　週刊誌のインタビューに答えて、稲盛氏は次のように語っている。「会社を経営するうえで、心の通じ合う関係を大切にしてきました。こうし

た人間関係を築くために、コンパと称する飲み会を京セラでは盛んにやってきました。上司と部下でも、信頼関係があれば、言いたいことをはっきり言えますからね。人との絆を強めるには、お互いを知り合うことがスタートです」と。再建に関わった日本航空でも同様なコンパが導入され、そこでの関係性構築、一体感の醸成が再建のエネルギーとなったとも言われている。

　もちろん手法は飲み会に限定されるわけではない。特に近年では、「飲みにケーション」といわれる、職場の同僚や上司との飲み会でのコミュニケーションをあまり歓迎しないという傾向もあるので、飲み会以外の手法も検討していく必要があろう。

　ある大手企業が行った研修の話を聞いたことがある。それは極めてシンプルなもので、１枚のメモ紙に自分が今夢中になっていること、趣味などを書き、それを持って大きな会場を歩き回り、出会った相手とそのメモの内容を情報交換するというだけのものである。歩き回るのでいろいろな人と出会うことになり、新入社員と役員が出会うこともある。それだけのことであるが、この研修を行った翌日から、社内の空気が和やかなものになるといっていた。エレベーターで出会った人同士、趣味の話で盛り上がることなども多くなり、人間関係が密接なものになるようである。相互理解のなせる業だと思う。

　私のいる短期大学でも、相互理解不足を感じさせられたシーンがあった。それは授業改善の研修に参加した教員が講師となって行われた、学内研修の場であった。最初に行われたアイスブレイクで、お互いが自己紹介をするという時間が設けられ、自己紹介が始まった。講師は簡単に終わるものと思っていたようだが、それが延々と続いているのである。私も陪席として参加していたのだが、話している教員たちの表情が、これまで見たことのないほど、嬉々としているのである。

　私も最初は、なぜこんなに嬉しそうに話しているのだろうかと不思議に思ったのであるが、長い間、同僚として勤務していても、なかなか自分のことを詳細に話したり、相手の話をじっくり聞いたりする機会はな

かったのであろう。人間は関係性の中でしか生きられないといわれるが、まさに自己紹介が、関係性をつくる第一歩として機能し出したことが、笑顔に表れていたのだと思う。

　これからの厳しい環境に対応していくためには、大学も確かな信頼関係で結ばれた「ワンチーム」とならなければならない。


# 2　相手を理解する

### ●誕生日を祝う

　相互理解を促進するものとして自己開示をまず挙げたが、いくら積極的な自己開示が存在していても、相手に理解しようとする姿勢や気持ちがないと、相互理解は進まない。皆さん、職場の同僚のことをどれだけ知っているだろうか。例えば、同僚の中で誕生日を知っている人はどのくらいいるだろうか。もちろん、同僚の誕生日を知らなくても業務の遂行には全く影響がないであろうが、関係性の構築という面で考えるならば、少なからぬ重要性を持った要素ではないだろうか。

　ある人の誕生日に、周りの同僚から何も言われずに終わる一日と、皆から「〇〇さん、誕生日おめでとう」と祝福される一日では、どちらが心地よい一日だろうか。どちらの状況が、職場の人に対して親近感、一体感をより強く持つだろうか。答えは明らかである。私も今の短大に学長として就任した際に、学生に自分たちが「在学生」という大きなくくりで見られているのではなく、一人ひとりという存在として大切にされているということを感じてもらいたくて、学生の誕生日を祝う企画を提案した。

　ところが、事務局より「今年度、そのような予算は確保されていないので難しい」との回答があり、それならばせめて週に一度行われているチャペルアワー（礼拝）の際に、今週誕生日を迎える学生の名前を読み上げ、祝福の祈りをささげるという代替案で実施することになった。そ

の効果を測定してはいないが、見ている限りでは、やはり嬉しそうな表情になっているように感じられる。

　インターネットで、「社員の誕生日を祝う会社」を検索すると、いくつかの企業名が出てくる。その中に、私たちがテレビコマーシャル等で知っているロート製薬という会社がある。同社では、入社式等も行われるロート会館という大ホールで、毎月、本社勤務の社員が集まり、当該月の誕生日を祝った後、社内の重要事項を決める場を持っている。働く者同士の、一体感が醸成される場、情報や意識が共有される場となっているという。

　ちなみに同社のこれまでの業績推移を見てみると、10 年、20 年単位でも株価は右肩上がりの状況であり、近年、配当も毎年増やしている。もちろん誕生日会と業績との関連性は実証できないが、良い影響を与えていることは間違いないと思われる。ただし最近は、あまりプライバシーに立ち入らない方が適切といった考え方も出てきているので、組織の状況に応じた、相互理解の方法を考えることが求められることになると思う。

　ちなみに「学生の誕生日を祝う大学」で検索してみると、最初の 5 ページまでであるが 1 校も出てこなかった（学長の誕生日を祝う学生という記事は出てきたが）。「教職員の誕生日を祝う大学」も残念ながら出てこなかった。

## ●適切なマネジメントにも

　相手を理解するということは、管理者が適切なマネジメントを行ううえでも、大変重要な要素となる。以前、企業の人事担当者を主たる対象とした講演会に参加したことがあった。その中で講師が、「皆さん、部下の成長を図るため、現在の力の何パーセント増しの負荷を部下にかけるのが適切か考えてみてください」と質問をした。少しの間をおいて、110％から順に挙手をしていったのであるが、当然ではあるがばらつきがあり、中にはものすごい負荷をかけることを適切とした答えもあっ

た。

　もちろん、すべての人に対して適切な負荷となるような上乗せ率というものはなく、それは部下一人ひとりの状況によって異なってくるものである。図にあるように、その人の業務処理能力に対して極めて難易度の高い課題を与えてしまうことは、危険ゾーンといわれる領域に該当し、成長を図るどころか精神面、身体面での不調を招く結果となってしまう。また逆に、処理能力に比べて非常に易しい課題を与えた場合であれば、知恵を絞ることも汗を流すこともなく容易に処理できてしまう快適ゾーンの領域となってしまい、本人の成長には全く資しないことになってしまう。

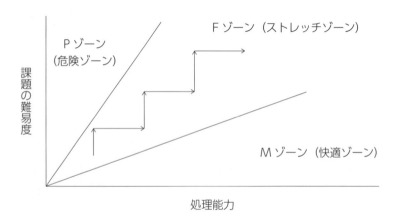

　最も適切なのは、真ん中のストレッチゾーンという領域に該当させることで、がんばれば処理できる程度の難易度（一般的には成功確率が５割程度といわれているようだが）の課題を与えて、それを処理させることで本人の能力を伸ばす、ということを繰り返して成長を図ることである。そしてそのためには、能力など、相手の状況をきちんと認識していることが必要となる。

　そのために私が勧めているのが、「部下ノート」である。部下の名前、生年月日、家族構成、趣味などの基本データと、伸ばすべき強みや改善すべき点、そして日々の観察で気づいたことをメモする欄を設け、記入

していくのである。毎日、同じ部屋で仕事をしているのだから、改めてノートなど取る必要はないという意見もあろうが、些細な出来事はすぐに忘れてしまうので、何となくの認識をきちんとした認識にするためには、やはり書き残しておくことが必要だと思われる。

| 氏　名 | 生年月日 | 年齢 | 趣味 | 長所 | 改善点 | 観察メモ |
|---|---|---|---|---|---|---|
| ○○×× | 1987.5.28 | 35歳 | | 細かい作業を根気よくできる | 行動になかなか移らない | |
| | | | | | | |
| | | | | | | |

## ●ラベリングバイアス

　相手のことを正確に観察し、それに基づいた認識ができていない場合、人は相手にレッテル（主に否定的なレッテル）を貼ることが多いといわれている。「あいつはサボリ屋だ」とか、「彼女は仕事より家庭を優先している」といった言葉は、職場でもよく聞かれると思う。人間には非常に多くの面があるが、その多様性をすべて理解しようとすると、脳は莫大なエネルギーを使わなければならない。それを少しでも節約するために、多様性のある人間の一面を捉えてシンプルな評価をする、すなわちレッテルを貼るということになるようである。

　私も以前の職場で、レッテルを貼ることについて反省したことがあった。ある年度、人事異動により新しい部下が自分の部門に来た。その前に、その人事異動を協議する管理者の会議が行われたのであるが、その会議の中で当該人物の上司にあたる人から、「彼は、楽をしようとしてばかりいる」といったコメントが出されたのである。私自身、その人に関してはほぼ白紙の状態の評価であったのであるが、その一言で私自身

も彼にレッテルを貼ってしまったのである。

　自部門の会議の中で、業務の推進方法について話し合っているときに彼から提案があると、その案自体の良否を考えるより先に、自分が楽をしたいからだなというような邪推が生じ、正確な判断ができなくなってしまうのである。ところがある雪の朝、私が出勤すると既に何人かの職員が雪かきをしていた。そこに彼の姿を認めなかったときは、やはり楽をしようとしているのかと思ったが、目を転じてみると、人目につかない別の入り口のところで一生懸命に雪かきをしていたのである。その姿を見たとき、遅まきながら人間の多様性に改めて気づけたのである。

　自分で自分に限界を設定することを戒める、「人は思った通りの人になる」という言葉があるが、相手に関しても、周りが思っているような人になるという面はあると思う。人の良いところを伸ばす、人の成長を支援し、促進するといった組織の機能を十分に発揮させるためにも、正確に相手を理解することは非常に重要なことである。


# 3　組織の成熟度


## ●チーム内での衝突 ────────────

　自己開示や他者理解の試みが組織内で行われるようになると、組織の構成員間の相互理解の度合いが深まることになる。そうなってくると、関係性も良好なものになっていくことになるが、業務を遂行していく使命を持った組織内においては、近所づきあいとは違って、仲がいいというだけでなく、それに適した関係性の構築が必要となる。

　心理学者のブルース．Ｗ．タックマンが提唱した、チームの五つの発展段階という理論がある。チームの一番最初の段階は「形成期」と言われていて、例えば、新しいプロジェクトチームが編成され、まだ役割分担も不明確であり、お互いの理解も不十分というような状態である。この段階では、これから先の変化等に対しての不安感や緊張感もあり、他

のメンバーに対する遠慮といったものも存在している。このような時期には、これまで述べてきた自己開示や他者理解といった姿勢、試みがメンバーの関係性を深めることになる。

　形成期を超えて、ある程度の関係性が構築できた状態になったとしても、実際に協働して業務を遂行するプロセスが開始されると、考え方の違いや気が合わないといったことによる衝突や対立、葛藤が、多かれ少なかれ生じることになる。このような発達段階は、「混乱期」と言われる。特に今日のように雇用形態も多様化してきている状況下では、よりこのようなコンフリクトが生じやすい環境になっているといえる。

　コンフリクトが生じる原因としては、次のようなことが挙げられる。一つ目は、立場の違いからくるものである。上司と部下、担当業務の違いなどによるものである。私が以前いた大学でも、学生が集まらなかった時期、学生募集部門からは良好な就職実績を挙げていないから受験者を集めることができないとの責任転嫁が行われ、一方、就職支援部門からは良質な入学者が確保できていないから就職実績が上がらないとの反論があり、お互いに「他責」の関係となっていた。企業でも、製造部門と営業部門の対立などは、よく聞くコンフリクトの例である。その時の解決策は、両部門を統合することだったが、この方法ですべてのコンフリクトを解消することは、もちろんできないことである。

　二つ目の原因は、認知や解釈の違いによるものである。状況認識の精度や感度、それに基づく解釈の違いからくる対立である。学生が集まらなくなった時、原因は自学の評価が低いことによるもので、このままでは自学は潰れてしまうと考える人と、流行は繰り返すの如く、これは一時的な現象で、また集まるようになると考えている人も、信じられないが、いたのである。この両者で解決策を検討しても、一致することは難しいといえる。

　三つ目は、感情の対立によるものである。これはなんとなく気に入らないというレベルのものから、まずは否定することから入るというような、相手のコミュニケーションのタイプによるもの、議論の場におい

て、声の大きさで押し切られてしまった経験からの反発など、さまざまな原因から生じる対立である。これは理屈ではなく気持ちによるものなので、解決しにくいものになる。

## ●コンフリクトへの対応

　組織内にコンフリクトが生じると、人は次の五つの態度をとるといわれている。一つ目は、力でコンフリクトを解消しようとする「強制」である。上司と部下との関係では、このケースが多いと思われる。大学内でも、この強制によるコンフリクト解消に対して不満を抱えている職員は多いように思われる。

　二つ目は、「妥協」である。これは「和を以て貴しとなす」の日本では、最も多い態度ではないだろうか。いつまでも自己の主張に固執していては事が進まないので、譲れるところは譲って一致点を見出すという、ある意味、大人の対応であり、業務を円滑に進めていくうえでは欠かせない態度ともいえよう。大学の会議などで、この対応は多くみられるのではないだろうか。

　三つ目は、妥協と似ているが、完全に相手の意見を入れてしまう「服従」である。強制と同じく、上司と部下との関係で多く見られる態度である。この対応は、表面的には事がスムーズに進んでいるようにみえるが、不満などの感情を内に抑え込んだ状態であるので、コンフリクトは持ち越されることになり、状況によってはさらに深刻な対立を生むことにもなりかねない。

　四つ目は、「回避」である。対立している状況を解決しないまま、対立している事柄を避けて進む態度なので、根本的な解決には全くならないものである。お互い、傷つくことはない解決法なので、チームの和はその場では保たれることになるが、対立を先送りしているだけであるため、解決に至らないだけでなく、放置しておくことでさらに対立が強くなるおそれもある。

　最後は、「協調」である。協調とは、利害や立場が異なる人同士が協

力し合う状態である。チームや組織の共通の目標達成に向けて、自分の意見や主張に固執することなく、他者の意見の良いところも取り入れつつ、チームや組織にとっての最適解を見出そうとする態度である。この態度が、メンバーの間にわだかまりを残さずに、目標達成に向けて共に歩んでいくことのできる、最も望ましい態度である。

## ●コンフリクトマネジメント

　組織内に生じたコンフリクトを、「協調」に変えていくことができる組織風土づくりが、健全な組織となるためには必要となる。大学内のメンバーの関係性は、表面的には協調であるが、中身は「強制」や「服従」、「回避」そして「妥協」といったことが少なくないと思われる。私がいた大学でも、組織目標に対しての「協調」ということでなく、自己最適を保つための、内には「回避」や「妥協」を秘めた「協調」が多かったように思う。ここを、本当の「協調」に変えていくことが、大学を動かすためには最も必要なのではないかと感じている。

　コンフリクトを適切にマネジメントするために、まず必要なことは、コンフリクトを、生じない方がいいもの、厄介なものとみるのでなく、組織のレベルを上げる良い機会と捉えなおす認識の転換である。このようにコンフリクトを捉えることにより、強制や回避などの望ましくない態度が生じることを防ぐことができるようになる。

　コンフリクトに対する認識を転換したうえで次に行うことは、状況認識の一致を図ることである。コンフリクトが生じる原因として、状況認識が違うことで解釈に違いが出てくることを挙げたが、その解消を図ることが重要である。これをせずに話し合いを行っても、議論がかみ合わず、結局はコンフリクトの解消に至らないからである。

　特に大学においては、担当している職務等によって、状況認識に大きな違いがあることが少なくないように感じている。それは外部の情報、特に顧客である受験生の現状や高校の進路指導の状況、入口である進学市場の現状、出口の求人市場の動向といった情報に触れる機会が、担当

部門や職種によって大きく異なることに起因していると思われる。

　このように認識が異なる教職員が一堂に会して話し合ったとしても、最適解に至るために必要な情報が共有されていないため、「協調」というゴールにたどり着きようがないのである。大学が一体感を持って動き出せるかどうかは、この状況を変えていけるかどうかにかかっていると思う。

# 4　コンフリクトを解消するには

## ●状況の認識は

　組織内、部門内のコンフリクトを解消するために必要なこととして、状況認識の一致を図ることを挙げたが、これは簡単なようでいて大変難しいことである。状況は事実として存在しているものなので、それをそのまま認識すれば、おおよその一致は図れるはずとも考えられるが、認識しようという意識の差による認識量の違いや、自分の立場を通しての認識や、これまでの経験をもとにした認識ということによる偏りといったさまざまな事情により、一致を得られない状況が多く現れている。

　以前、関わったある大学の話であるが、高校訪問を担当しているグループの話し合いにアドバイザーとして参加したことがあった。その中で、高校の教員から本学の学部構成が分かりにくいとの指摘が複数あったという報告が行われた。それは重要な指摘なので、大学内での再検討をお願いした方がいいとのアドバイスをしたところ、既に報告済みであるが、我々の意図していることが高校教員には理解できないのだろうという回答で、再検討の余地はないようであるとのことであった。

　この例などは、認識の違いという以前の問題で、そもそも認識しようともしていないということである。自分たちの高邁な構想は、高校教員の考えの遠く及ばないところであるというのが理由のようであるが、その高校教員が受験生の進路選択をサポートしているということを知らな

いのだろうか。そうであるならば、前提としての、受験生の進路選択の
プロセスに関する認識が不十分すぎるということである。

　人間の状況認識の不完全さについては、大昔から指摘されていて、古
代ローマ帝国の名将といわれるジュリアス・シーザーも、意味として
「人は見たいように見る」と言っていたようである。皆さんも、こうあっ
て欲しいというような気持ちが強くあると、それに合致する状況を少し
でも見つけようとするので、状況認識が歪められてしまうという経験は
少なからずあるのではないだろうか。

　また、立場の違いによる認識のずれも、よく起こることである。私も
これまで大学のさまざまな業務を担当してきたが、管理部門を担当して
いた時には、ここが大学を動かすエンジンであると思って、その重要性
を主張していたが、入試広報を担当するようになると、学生が集まらな
いことには収入が得られないので、ここが最優先であると考え、その旨
の主張も強くしていた。

　このような状況になっていると、状況認識も自部門を重視するという
レンズを通してのものとなり、正確な認識とはなりにくくなってしまう。
もちろんよく考えたならば、一つの部門だけで大学を良くしていくこと
はできないわけで、大学を良くするという共通の目的に向けて、連携・
協働すべきであるのだが、組織が分かれていると、どうしても自部門の
視点からしか見られなくなってしまうのである。

　このように、現在、目の前で起きている状況を認識する場合でも一致
した認識とならないのであるから、これから起きようとしている将来の
ことについての認識は、当然、よりバラバラなものになってしまうこと
になる。

## ●情報の共有状況は

　状況認識のズレが生じる理由として、認識できている情報量の差から
くるものがあると前述したが、大学において特にその差は大きいと感じ
ている。例えば、募集の最前線にいて、頻度高く受験生や高校の進路指

導教員と接している職員と、管理部門にいる職員とでは、市場での自学の評価に関する情報量には大きな差があるし、教員の場合も、多くは少ない情報しか得ていない状況と思われる。

　担当業務によって、得ている情報内容と量に違いがあるのは当然のことであるが、それをそのままにしておくと、組織内に不要なコンフリクトが生じてしまうことになりやすい。これを防ぐための情報の共有の必要性が、最近、特に強調されているように思う。学内のネットワークシステムも整備されてきているので、情報の形式的な共有は比較的簡単にできるように思われるが、実情はそうでもないようである。

　2019年の6月から7月にかけて日本私立大学協会の加盟校に対して実施した「広報活動に関するアンケート」の中で、受験生のニーズ等に関する情報をどのようにして学内で共有しているかについて聞いたところ、そもそも共有していると答えた大学は47.6％であった。18歳人口が減少している現在のような厳しい環境下では、最も重要な情報の一つと思われる受験生のニーズに関する情報であっても、半分以下の共有状況となっている。この数字は形式的な共有状況を示すものであるから、実質的な共有となると、さらに少ないものになることは間違いないであろう。

　情報の共有が図れない理由としてまず挙げられるのは、情報共有の重要性を認識していないということではないだろうか。組織の構成員のベクトルを合わせるためには、情報の共有と、それに基づく状況の認識が一致していることが求められているのであるが、このことが改めて学内で確認されていないケースが多いと思われる。そうであると、共有を図るという手間をわざわざかける必要性が見出せないことになり、共有を図る行動は生じないことになる。また、情報を自分が独占していることで、職場における自分の必要性、重要性が高まるということもあるので、あえて情報共有を図ろうとしないという事態も生じてしまうことになる。

　また、共有の仕組みが不十分であるという事情もありそうである。例

えば情報共有を図るツールを統一するルールとか、情報の管理を一元化する仕組みが整備されていない状況下では、どのようにしたらいいのかが明確でないため、共有しようという行動も起きにくいことになってしまう。近年、その重要性が指摘されている IR（Institutional Research）も、この文脈で捉えることができよう。

## ●情報共有を図るためには

　情報の共有を促進するためには、仕組みやルールの整備ももちろん必要であり有用なことではあるが、大学において最も必要とされているのは、意識面の改革ではないだろうか。大学を取り巻く環境が厳しい方向に変化している現在、顧客のニーズや市場の変化、競合校の動向といった必要な情報を教職員が共有し、それをもとに知恵を出し合っていかないと、適切な歩みが担保されないということを、認識してもらうことは不可欠なことである。

　そのために、最も取り入れやすい効果的な方法は、これまで集めてきたさまざまな情報をすべて取り揃えて、それを基に、これからの自学の進むべき道を話し合うということではないだろうか。このような実践的な話し合いを行う中で、情報の有用性を認識することもできるし、集めた情報がどのように活用されうるのかといったことも実感できると思う。また、話し合う中で、おのずと必要な情報とそうでない情報の選別も行われ、情報収集活動も効率的なものになると思われる。

　単に情報を共有しなさいと言われても、なかなか共有できるものではないが、情報がこれからの歩みを考えるうえでどれだけ重要なものなのか、どのようにして活用されるのかが分かると、集めよう、共有しようという意欲も湧いてくるものである。情報共有しようとの掛け声だけでなく、共有した結果の有用性を実感させることが大切なことであると思う。

# 5 意見の対立を生かす

## ●話し合いの目的は

　組織内、部門内で対立が生じる理由として、状況認識の不一致や情報共有の不十分さを挙げたが、それらの一致、共有が図れたとしても、意見の衝突が全く消え去るわけではない。解釈の違いや価値観の違いといったものは、依然、存在するからである。それを調整していくために必要なものが、話し合いの場である。

　もちろん普通に話し合うだけでは議論は平行線となり、合意に達しないことの方が多くなるであろう。そのようなときには、上位の権限を持つ第三者が介入して妥協案を提示し、解決するというやり方も考えられるし、実際、そのように解決されている事例も少なくないと思う。ただこのやり方では、双方とも不満を残す形になってしまい、新たな対立を生む原因にもなりかねない。

　私たちは、議論になると自分の意見を通したいという気持ちがどうしても強くなってしまい、最も適切な解を探し出すという気持ちには、なかなかなれないものである。しかし、組織内での業務遂行等に関するさまざまな意見は、組織の歩みを適切なものにし、最大の成果を挙げられるようになることを目的として出されるものである。そうであるならば、最も適切な解決策を見出すということが、話し合いの目的ということになる。自分たちは、それを見出すために話し合いをしているのだということを常に意識し、議論をすることで、感情的な対立を避けることができるのではないだろうか。

　また、人が自分の意見を通すことにこだわる理由は、自分の意見が通ることイコール自分の能力が高く評価されるということであるから、最終的に見出された解決案に関しては、特定の個人の意見が採用されたという扱いでなく、意見の異なる者同士の話し合いにより、さまざまな視点からの検討が行われ、その結果として見出されたものであるという位

置づけをしていくことが重要なことになる。

## ●効果的なフィードバック

　フィード（feed）とは、英語で食べ物を与えるとか、食べ物自体を表す言葉であるので、フィードバックとは、その人に対して必要なエネルギーを与えるということが本来の意味となる。ある特定の業務や一連の活動に対してフィードバックが与えられることで、それらの業務や活動の内容がさらに良いものとなり、それらに従事する人たちのモチベーションが高まるということが、本来、フィードバックが果たすべき機能ということになる。

　ところが残念ながら、現実はそのようになっていないケースも少なくないように思われる。私が以前いた職場でも、管理職の役割や実際の働きに対して、一般職員のフィードバックが行われたことがあった。結果は、無記名で行われたということもあり、悪口のオンパレードのような状態になってしまった。フィードバックの機能は、前述したように今後のあり方を良くするということである。つまり、建設的な指摘ということが重要な要素となるのである。

　それが、自由に意見を出してくれということになると、日ごろの不満解消ということもあるのであろうか、なになにができていないとか、このことについての知識が全くないとかといったような、現状、できていないこと、足りていないことの指摘に終始してしまうのである。そうなってくると、言われた方も感情的に反発する状態となってしまい、自分もできていないくせに何を言っているのだとか、言っている側のできないこと、足りないことを返すことになり、建設的な状態とは正反対の状態となってしまうのである。

　フィードバックで大事なことは、内容ももちろんであるが、その言い方である。以前、就職支援の業務に携わっていた時、将来の働き方が決まっていない学生への対応スキルを身に付けるため、キャリアカウンセリングの勉強をし、資格を取ったことがある。そのスキルを活用して学

生相談に従事していたのであるが、一方、将来就きたい仕事が明確な学生もいて、その学生への対応の不十分さを感じていた。そのようなときにコーチングというコミュニケーションスキルを知り、同じく勉強をし、コーチの資格を取得した。

　コーチングは指示しないで本人に考えさせるということが基本的な姿勢であるので、教えたりしない代わりに質問をしたり、フィードバックを与えたりするということがコミュニケーションの中心となるものである。その勉強の中で出てきた言葉に、「You メッセージ」と「I メッセージ」というものがあった。You メッセージとは、あなたが主語になるものであり、I メッセージとは私が主語となるものである。

　先ほどの例でいえば、管理職に対しての「あなたは〇〇ができていない」とか「あなたは××を知らない」が You メッセージである。You メッセージの特徴は、相手に対する評価として受け取られるということである。肯定的な評価であれば問題ないが、否定的なものであると相手は非難されていると感じ、それに対する防御やそこからの逃避を考えることになり、改善にはつながりにくいものになってしまう。

　一方、I メッセージは、メッセージを発している人が感じていることなので、否定しようがないし、非難されているという要素も弱まるので、受け入れやすく、改善に結びつきやすくなる。例えば、遅刻の多い部下に対して、「（あなたは）最近遅刻が多いな、（あなたは）たるんでいるんじゃないか」と叱責するのは You メッセージである。それに対して、「最近遅刻が多いので、何かあるのじゃないかと（私は）心配している」というのが I メッセージである。

　また、I メッセージは自分の希望を述べる場合にも適したものである。管理職に対して「（あなたは）指示ができていない」と非難だけするのではなく、「明確な指示があると（私たちが）仕事をしやすいので助かる」というフィードバックにすることで、今後の改善を期待する建設的なものになるのである。細かなことであるが、このような細かな気配りが、建設的な話し合いには欠かせない要素なのである。

## ●混乱期の必要性

　意見が対立しあう混乱期は、ない方がいいようにも思われるが、混乱期の次にあるチームの一体感が生まれる統一期に至るためには、どうしても通らなければならないプロセスである。前述したとおり、私の以前いた大学でも、組織の状況をよくするという目的で管理者のマネジメントに対して、部下からのフィードバックというものを実施したが、建設的な方向性を志向しないまま行ったことで、かえって混乱期を長くしてしまったように思う。

　混乱期が長く続くと、人間、できるだけ心安らかに過ごしたいと願うので、課題は封印してしまい、表面的には対立のない状態をつくりだすことになる。しかし、それでは組織やチームの発展はそこで止まってしまうことになる。私の短大でも、これからの短大の歩みについて、学外の関係者も含めて話し合う会議を今年度からスタートさせた。状況の認識もさまざまなので、当然ながら意見が一致することの方が少ない混乱期状態である。面倒に感じることもあるが、統一期を目指して継続している。

　今日のように大学内の多様性が高くなってくると、意見の対立ということは避けられないことである。それを避けるのではなく、自分たちの目的を達成することが第一ということを常に意識し、議論のベクトルを目の前の相手にではなく、上に向けていくことが求められていると思う。


# 6　混乱期を超えると


## ●統一期に入る

　各人の置かれた状況や、これまでの経験の違いからくる状況認識の不一致や、考え方の違いからくる意見の衝突といったことが組織・部門内で起きる混乱期を、相互理解、目標の共有とそれに基づいての十分な話し合いといったことで乗り越えることができたならば、組織としての成

熟度が一段上がった統一期に入ることとなる。

　統一期に入った組織では、組織目標が共有されるようになり、その達成に向けて協力関係がつくられるようになってくる。また混乱期では衝突の原因となっていた各人の思考や行動の特性も理解されているので、それを踏まえた役割分担も行われるようになってくる。すなわち、組織としてのまとまりがある状態となるのである。

　そのような組織の特徴として挙げられるのが、全員のメンバーから意見が出てくるようになること、議論や会話の中に、「私たち」「うちの部門は」といった表現がよく使われるようになること、話し合いはいつも和やかなうちに行われ、笑いが絶えないこと、メンバー同士が相手を尊重しているので、モチベーションが高くなることなどである。

　私が以前いた大学は、開学してすぐに定員割れとなってしまい、それを皆の知恵と力でなんとか回復させたのであるが、その回復の実働を担ったチームは、今思うと、このような状態であった。これまでいた職員が半分、残り半分は新規採用の職員というチーム構成であったため、しがらみのない状態であったことも幸いしたと思うが、定員割れした大学の回復を目指すという与えられた目標が明確であり、その目標を達成するためにある程度適性を考えて採用したメンバーであったため、最初から役割分担が明確であったことも、まとまりの良いチームとなれた原因であるように思う。

　このチームの役割は大学の入口である学生募集と、出口である就職支援を担当すること、すなわち、受験生をできるだけ多く集めること、そのために優れた就職実績を挙げることが主たるものであった。6人ないし7人という少人数のチームであったが、学生募集では県内はもとより、関東、信越、東北にある500校程度の高等学校を年3回訪問したり、各地で行われる進学相談会に参加したり、各種広報媒体の作成やオープンキャンパスの実施、シーズンになると数会場の学外入試も含めた入試業務の処理、センター試験の対応、出口面では企業訪問や学内でのガイダンスの開催、キャリア形成授業2コマの企画と運営、100人規模で

のインターンシップの実施、遅くまでの個別相談など、今考えると、良く働いたと思うが、その当時は働くことが楽しく感じられる状態であった。

　たまたまであるが、全員お酒を飲むメンバーであったため、飲み会も定期的に行い、その中で相互理解も深まっていったように思う。夏には皆で肉や野菜をスーパーに買い出しに行き、バーベキューを行ったこともあった。7 人のメンバーだった時に、メンバーの一人が我々のチームは「ゴールデンセブン」だと名づけ、メンバーの集合写真を撮ったりもしていた。全員が、チームに対して誇りを感じていたように思う。このチームの働きもあって、比較的短い期間のうちに入学者の回復も図ることができたし、就職の状況も、周辺の人文・社会系の大学の中では優れた実績を挙げることができたのである。

## ●統一期に必要なことは

　大学の組織・部門はプロジェクトチームではないため、部門の目的達成に適したメンバーだけを集めるということもできないし、そもそも部門の目標自体があまり明確に共有されていないケースも少なくないと思われるので、そこから導き出される各人が期待されている役割というものも、なかなか明確に意識できない状況があるように思われる。

　組織の健全性を高めるためには、十分な話し合い等による相互理解、それに基づく信頼関係の構築が大切なことであるが、統一期に入ると、それに加えて、明確な役割分担と、それを遂行していくための協力体制を強固にしていくことが必要となる。そのためには、常に他のメンバーの状況や課題を共有している状態であることが求められるのである。

　前述の定員割れした大学の回復を担ったチームでは、外に出る機会も多かったのであるが、毎週月曜日の朝をミーティングの時間帯として設定し、全員参加で各自の業務遂行状況の報告や、今後、どのようなことをしていったらいいのかといったことを話し合っていた。したがって、お互いに他のメンバーが今どのようなことに取り組んでいるのか、それ

をサポートするために自分ができることは何か、といったことをいつも意識でき、認識できていたので、ボリュームのある業務を効率的に処理することができていた。

　私自身、他の大学等で業務の効率化に関するアドバイスを求められることもあるが、手戻りを防ぐこととか、機能の重複している業務を省くといった技術的なことも話してはいるが、一番効果的な効率化の方法は、部門のメンバー間で各人の業務の状況をお互いに把握し、それに基づく協力体制を構築することだと勧めている。簡単に情報共有できる方法の一つとして、例えば、一日の業務日報をメールで提出する際に他のメンバーにもCC（カーボンコピー）で送るようにするだけでも、お互いの業務把握の度合いは高まることになると思う。

### ●統一期から機能期へ

　メンバーの部門目標達成に向けての意欲が高まり、チーム内に強固な協力体制が築かれるようになると、そのチームはチームとして最も良い状態である機能期に入ることになる。このような状態になると、目標も共有され意欲も高い状況であるので、あまり細かい指示を出してメンバーの行動を制約するよりは、裁量権をある程度、認めるようなマネジメントの方が成果を発揮しやすくなる。

　機能期に必要とされることは、指示することではなく、メンバーの成長を意識し促進することであると思う。人間だれしも自己実現の欲求というものを持っていて、それを支援されることは嬉しいことであり、意欲も引き出されることである。私がいた部署でも、壁に標語として「組織の成果と自己の成長」というものを掲げていた。給与をもらっているのだから、組織の成果を挙げるために頑張るのは当然であるが、それだけでは人間、意欲が継続するものではない。併せて自己の成長を図ることが大切であるということを、自分にも部下にも意識してもらうために掲げたものである。

　組織というものは、成果を挙げることが使命であるため、管理者もそ

のことだけに意識が集中してしまいがちであるが、自己の成長という本人にとってのメリットも併せて享受できる状態でないと、一時的には成果が上がっても、その状態を継続することは難しい。

　ホンダの創業者で、日本を代表する経営者の一人といわれている本田宗一郎氏も、その著書である『会社のために働くな』の中で、「会社のために働くな、自分の生活をエンジョイするために働きにこい、それで一生懸命やることで会社ともどもいいといっている。」と書いている。

　メンバーの成長を意識すること、もちろんこれは機能期に至って初めて意識すれば足りるというものではない。組織の成熟度にかかわらず、常に意識しておくべきことであると思う。なぜならば、このことが組織の成熟度を促進する源であるからである。

# ☑ 健全な組織 チェックリスト

いくつ当てはまりますか。

☐ 教職員の相互理解が図れる機会を、定期的に設けている。

☐ 教職員が、ランチを一緒に食べているシーンをよく見かける。

☐ 自由に休暇が取りやすい雰囲気である。

☐ 定時で帰ることに抵抗のない雰囲気である。

☐ 大学を取り巻く状況について、教職員の認識の一致を図っている。

☐ 相手を尊重しつつも、自由に意見を言える雰囲気である。

☐ 意見が対立した際、大学にとっての最適解を求めることで解決を図っている。

☐ 情報の共有を図る仕組みがある。

☐ 同じ部署の他の人が、現在どのような仕事をしているかをお互い理解している。

☐ 会話の中に「私たち」「うちの部署」といった言葉がよく出てくる。

☐ 教職員の成長が図られていると感じる。

第 3 章

# 成果の出せる組織をつくる

# 1　成果を生み出す三つの要素

## ●成果を生み出す要素は

　組織開発の際に持つべき視点として、健全な組織をつくること、成果を出すことのできる組織とすること、そして学習する組織になることという三つのことを挙げたが、ここからは成果を出すことのできる組織とするために必要なことについて考えていきたい。

　成果を生み出す要素としては、いろいろなものが考えられるが、組織開発という観点からいえば、構成員の意欲を高める、能力を高める、そして積極的かつ自発的な行動を生じさせるということが重要なものになると思う。意欲があっても能力が伴わなければ空回りになってしまうし、能力があっても意欲がなければ力は発揮されないことになる。そしてそもそも行動が生じなければ、結果が出るわけがないからである。

　まずは意欲から考えてみたい。辞書を見てみると、意欲とは「進んで何かをしようと思うこと」と書かれている。これを組織内でのことに当てはめてみるならば、組織目標の達成に向けて積極的に活動しようとする心理的状態ということになる。能力を短期間で大きく向上させることは難しいことであるが、意欲については状況の変化によって大きく向上することがあるので、これを高め、維持することは組織の成果の向上に大きく資することになる。

　前にエンゲージメントのところでも触れたが、アメリカの調査機関であるギャラップ社の調査によれば、「熱意あふれる社員」の割合は、アメリカの32%に対して日本はわずか6%で、調査対象139か国中132位という驚くべき低さであった。日本人の、自分のことは控えめに評価するという傾向を考慮しても、大変低い比率であることは間違いない。

## ●意欲を生み出すものは

　成果の出せる組織としていくためには、このような状況を変えていく

ことが不可欠となるが、そのためには意欲はどのようなことから生じる
のかを知る必要がある。このテーマに関しては、どのようなマネジメン
トが効果的なのかというマネジメント観とともに20世紀初頭からさま
ざまな考え方が提唱されてきた。科学的管理法の提唱者であるテーラー
は、労働者が生産性を上げれば高い賃率が適用される制度を考案した
が、その背景には人間は経済的な誘因によって動機づけられる、すなわ
ち意欲が出るという仮説があった。

　ところが、その後、ウェスタン・エレクトリック社のホーソン工場で
行われた実験により、生産性と賃金形態との間には相関関係がなく、感
情や人間関係といったものの方が影響を与えていることが明らかにされ
た。この考え方をさらに発展させたのは新人間関係学派と呼ばれる研究
者たちで、感情や人間関係だけでなく仕事の内容、プロセス等を通じて
得られる達成感や成長感が重要な要素であると考えた。

　心理学者のハーズバーグは、仕事の満足感という観点から意欲の向上
について考察し、満足感と不満足感は同じ要素から生じるのでなく、別
の要素から生じるとする二要因理論を唱えた。それによれば、「会社の
政策と管理」、「監督技術」、「監督者との関係」、「作業条件」、「給与」、「同
僚との関係」、「部下との関係」といった要素は不満足感により強い影響
を及ぼす要素として「衛生要因」と名づけられた。

　これに対して、「達成」、「承認」（成果が上司に認められる、など）、「仕
事そのもの」（仕事の内容が興味深いなど）、「責任」（責任の重い仕事をま
かされるなど）、「昇進」、「成長」といった要素は、満足感に強い影響を
与えるものとして「動機づけ要因」と呼んだ。社員の満足度向上を図る
ため、福利厚生面に力を入れている組織も少なくないと思われるが、こ
の考えに従えば、それは不満足感の解消にはつながっても、満足感の向
上にはあまり資さないということになる。

　このことで思い出すのが、人材採用支援をしていたある企業のことで
ある。この会社は、規模はそれほど大きくないが、魅力ある企業として
注目されていて、大学生の就職希望先ランキングでは、大企業に混じっ

て上位にランキングされていた。新しいオフィスができたときにはマスコミ等でも取り上げられ、スポーツジム並みの運動器具が整備されたフィットネスルームや、いつでも使える社内バーなどが華々しく紹介されていた。ところがその後、まもなくして倒産という事態になってしまったのである。このような衛生要因面の向上でなく、動機づけ要因といわれるものの充実に手間とお金をかけていれば、違った結果になっていたのかもしれない。

## ●意欲を引き出す業務編成 ━━━━━━━━━━

　心理学者のハックマンと経営学者オルダムは、仕事そのものの特性が人の意欲に関連すると考え、その研究内容を「職務特性モデル」として提唱している。職務特性モデルによれば、「技能多様性」、「タスク完結性」、「タスク重要性」、「自律性」、「フィードバック」の五つの特性を持つ仕事であれば、モチベーションが高まるとされている。

　技能多様性とは、単調な仕事ではなく、自分が持つ多様なスキルや才能を活かせる仕事であることを意味する。例えば新規事業の開発といった業務であれば、企画力や渉外力など、さまざまな能力が求められるので、やりがいを感じやすいということになる。

　タスク完結性とは、始めから終わりまでの全体を理解したうえで、関われる仕事であるということである。業務の意義を理解しないで行う部分的な仕事であれば、やりがいを感じることは難しいであろう。

　タスク重要性とは、その業務が成果を挙げるために重要なものであるということである。どの業務も成果を挙げるためには必要なものではあるが、重要性、影響度が高い業務ほど、やりがいは感じられるものである。

　自律性とは、計画や手法など、仕事のやり方に関する自由度が高いということである。心理的リアクタンスと言われているが、人は生来的に自分の行動や選択を自分で決めたいという欲求があるので、それを他人から強制されたり奪われたりすると、例えそれが自分にとってプラスの

提案であっても無意識的に反発的な行動をとってしまうのである。子供がよく言う、「宿題をやろうとしてたのに、やれって言われたのでやる気がなくなった」と同様な状況である。

　フィードバックとは、自分が行った業務の成果、結果を確認できるということである。確かに成果が計測できる営業や販売といった仕事の方が、成果が可視化しにくい業務よりも、やりがいを感じやすいと思われる。

　これらの五つの要素が、どの程度、意欲の生じ方に関係するかを表した算式は次のとおりである。

---

意欲が引き出される度合い（Motivating Potential Score）
{（技能多様性＋タスク完結性＋タスク重要性）÷3}×自律性×フィードバック

---

　これを大学の業務で考えた場合、最も高めやすい要素は技能多様性ではないだろうか。これまでの大学の事務局編成を見ると、総務課、経理課、教務課、学生課、入試課といったように、業務は比較的細分化されているケースが多いように思う。私が以前いた大学では、入試広報部門と就職支援部門を統合した。当初は両方、中途半端になるのではないかとの危惧も出ていたが、結果は人員の効率化も図れたし、期待した以上の成果を挙げることもできた。

　統合の動機は人手不足であったが、結果的には技能多様性を高めることになり、統合してみての感想は、非常に多くの業務を処理できたという満足感であった。

# 2　エンロールメント・マネジメント

## ●導入の背景

　成果の出せる組織ということから連想されるものの一つに、エンロールメント・マネジメントという考え方がある。エンロールメント・マネ

ジメントとは、入学前から卒業後まで、学生の状況を正確に把握し、それに適合した支援を、大学が一体となって行っていくという考え方である。1970年代初頭にアメリカのボストンカレッジで初めて実践された手法である。

　当時、ボストンカレッジは学生数の減少による財政危機に悩まされていた。その解決策として、物理学者出身のジャック・マグワイヤ入試部長と財政学者出身のフランク・カンパネラ副学長が実施したものがエンロールメント・マネジメントで、それが一定の成果を収めたことで、他の大学にも取り入れられていった。

　2000年代になると、エンロールメント・マネジメントは我が国の大学にも導入されるようになった。その背景には、18歳人口の減少による競争激化に伴う学生募集環境の悪化、そしてそれに起因する、学力が低い入学者の増加ということがあると思われる。これにより、従来、必要性をあまり感じなかった入学前教育や、個々の学生の状況に応じた学習支援など、新たな支援が求められるようになったのである。

　また、企業の人材ニーズの高学歴化に伴い、高等学校卒業時点での就職先の選択肢が少なくなったことにより、消極的に大学進学を選択する、学ぶ意欲のあまり高くない、目的意識の弱い入学者が増えたことで、入学前から大学で学ぶための目的意識を醸成し、意欲を高めるといった活動も必要となってきたのである。そして、これらの活動は、大学教育に適合できずに退学してしまうことを防止したいという、財政上の理由からも必要とされる対策でもあった。

　日本の大学がエンロールメント・マネジメント（部分的な活動も含めて）を導入したことによってもたらされた改善点として、学生の成長という視点を意識するようになったことが挙げられる。IRに代表されるように、学生の状況をきちんと認識し、それに基づいた改善策を考えられるようになったことで、個々の学生の状況に適合した教育・支援が行われるようになり、学生の成長が促進されるようになったといえる。また、十分ではないにしろ、部門間で連携した支援が行われるようになったこ

とで、従来のように各部門がそれぞれの支援を行うということでなく、一貫性のある効果的な支援ができるようになったことも挙げられるであろう。

## ●大学一体となった支援

エンロールメント・マネジメント導入による改善点は前述のとおりであるが、我が国の実情を見ると、学生募集状況が改善したなど、期待した成果を挙げられている事例は残念ながらほとんどないようである。それもあって、効果の期待できる手法でありながら、なかなか多くの大学が導入するという動きには至っていない。その原因について、成果の出せる組織になるという観点から考えていきたいと思う。

エンロールメント・マネジメントを構成する要素としては、三つのものが挙げられる。一つは入学前から卒業後までというように、学生支援の時間軸が長いということである。二つ目は、学生の状況をデータに基づいて正確に把握したうえで、それにあった支援を行うということである。そして三つ目は、各部門がそれぞれに行う支援でなく、大学が一体となって行う、一貫性のある支援であるということである。

私は現在、将来、大学の管理者となるべき教職員を養成する大学院で、まさにこのエンロールメント・マネジメントの講義を担当しているのであるが、受講学生と話す際に何時も出てくる課題が、三つ目の要素である大学が一体となるということである。エンロールメント・マネジメントを早い段階で導入した大学でも、自部門の業務を優先されてしまうため、大学全体での連携した支援がなかなか進まないという状況があるようである。

大学院の受講学生たちと、大学が一体となるために必要なことは何かということを議論していく中でよく挙げられることは、「組織目標を明確にすること」、「組織目標を共有すること」、「状況認識を一致させること」、そのために「情報の共有を図ること」、また組織面では、「できるだけ部門の統合を図ること」などである。

アメリカの経営学者 C. バーナードが組織の要素として最初に挙げているものが共通の目的を持った人の集まりであるということであるが、大学組織では、この点が十分でないということがあるようである。もっとも、これは大学組織に限ったことではないようで、スティーブン・R・コヴィーがその著『第 8 の習慣』で紹介しているアメリカのビジネスパーソンを対象とした調査でも、自分の組織がどのような目的を持っているか理解している人の比率は 37％、組織の目的を達成するための自分の役割を理解している人は、わずか 20％となっている。

　これは組織の構成員が理解しようとしていないということよりも、管理者が理解させるための働きかけをしていない、もしくは、そもそも明確な組織目標がないということに起因しているように思われるのである。

## ●組織目標を共有するためには

　大学組織の目標と言われて、まず想起されるのは各大学の建学の精神ではないだろうか。私の短期大学でも、将来を考える会議の中で建学の精神が話題となった際に、本学の建学の精神は何かということに議論が及んだ。開学時からいる職員や勤務経験の長い教員に訊いてみたところ、教育のモットーはあるが、建学の精神にあたるものはないのではないかということになった。その後、いろいろな資料にあたってみた結果、法人全体の建学の精神として、キリスト教主義教育と、新島襄の教育理念ということがあるということが分かった次第である。

　そのような状況であったので、私が学長に就任した時にも、建学の精神ということは全く意識せず、大学のキャッチコピーとして「就職にも進学にも強い短大です」というものをつくり、教職員に対しては「学生の卒業後の進路を確かで豊かなものにする」というコンセプトを提示し、それに基づいた教育活動を展開しようということを明らかにした。そしてそれを発展させた新たなものとして、現在は「学生の人生を支える 2 年間」を与える短大になるということを教職員に伝えている。

このようにコンセプトを明示したことによって、教職員の活動の方向性を合わせるということは、ある程度、できたのではないかと感じているが、組織目標を教職員に心から納得してもらい、共有してもらうためには、新たな視点を付け加える必要があるように思う。それは何かというと、学生にどのような価値を与えるかということに加えて、働く教職員にどのような価値を与えるかということである。

　私自身、そのような気持ちを持っていなかったわけではないが、この点を強く教職員に伝えてこなかったことを、反省しているところである。50期以上、連続して増収増益という素晴らしい成果を挙げ、全国の経営者やマスコミにも注目されている長野県の伊那食品工業という会社の企業目的の欄には、「企業は本来、会社を構成する人々の幸せの増大のためにあるべきです。」と書かれている。やはり人間、自己の満足につながらない目標には、心からの共感はできないものである。

# 3　ホワイト企業とは

## ●ホワイトの三要素

　私が、現在の短期大学の学長として就任して少し経った頃に、短大の進む方向性を統一するキーワードが必要だと感じるようになった。日々、教職員は真面目に働いているのであるが、それは目指すべき姿を実現させるというためでなく、与えられている業務をこなすためだけであるように感じたからであった。そこで、「学生の卒業後の進路を確かで豊かなものにする」というコンセプトを打ち出したのである。ここで、「確かに」だけでなく、「豊かに」を加えたのは、いわゆるブラック企業やそれに類するような企業でなく、安心して長く働ける組織への就職ということに、重点を置きたいと考えたからであった。

　そのことを考えていく中で、ブラックの反対であるホワイト企業とはどのようなものであるのかということに関心が及んでいった。ホワイト

企業という言葉をインターネットで検索してみると、ホワイト企業ランキングというものが出てきた。それによると、ホワイト企業の要素として、離職率が低い、正当な評価を受けられる、福利厚生が充実している、の三つが挙げられていた。確かに、正当な評価が受けられるということは社員の満足感を高めることになるし、福利厚生が充実しているということは不満足感を減少させることになる。そしてその結果、離職者が少なくなるということがいえるからである。すなわち、ホワイト企業イコール、成果を挙げやすい組織体質であるということである。

　ほかの検索結果を見てみると、「ホワイト企業大賞」というものが出てきた。開いて中を見てみると、このような一文があった。「社員を犠牲にして利益を追求しているブラック企業よりも、社員の幸せを大切にしているホワイト企業の方が、利益はあがっているのだ。おそらく、合理的に利益を追求するよりも、社員の人間性や「やる気」を尊重する方が、企業の業績や成長に貢献するという事だろう。」。この基準で選ばれた企業を見てみると、第1回目の受賞企業は、未来工業株式会社とネッツトヨタ南国株式会社の二社であった。

## ●未来工業株式会社とは

　受賞した二社とも、社員を大切にしたユニークな経営で、よく知られている会社であるが、まずは未来工業から見ていきたいと思う。未来工業は、山田昭男氏が岐阜県で創業した会社である。創業以来赤字なし、不景気な時期であっても好業績を挙げ続けている優れた会社で、2018年には東証一部に上場している。同社の「ホワイト企業大賞」の受賞理由として、次ページのような取り組みが紹介されていた。

　これを見ると、労働時間は極めて短くし、休日はできるだけ多く設けるというように、一般的な経営者の感覚である、できるだけ長く働いてほしいというものとは、正反対のものとなっている。創業者である山田氏には著作も何冊かあるが、タイトルも『楽して、儲ける！』、『稼ぎたければ、働くな。』など、大変ユニークなものとなっている。この取り

1. 有給休暇以外の年間休日数が、日本で一番多い 140 日
2. 労働時間（1600 時間）は、日本で一番短い
3. 給料は相場よりちょっといい（岐阜県ではトップクラス）
4. 休もうが遅刻しようが給料は払う完全月給制
5. アルバイトを容認
6. 残業禁止
7. 育児休暇は 3 年間
8. 定年は 70 歳（60 歳を過ぎても給料は減らない）
9. 年功序列（給料は年齢と在籍年数のみで決まる）
10. 全員が正社員
11. 経営理念・経営指針などは一切なし（「常に考える」というスローガンだけある）
12. 売上目標・利益目標・事業計画などは一切なし
13. 徹底的な経費節減（ドケチ経営）
14. 間接部門は極めて少人数
15. 成果主義禁止
16. ノルマ禁止
17. ホウレンソウ（報告・連絡・相談）禁止
18. 指示・命令禁止
19. 上からの管理をやめて、徹底的に社員を信頼して仕事をまかせる。
20. お金にまつわる処理（出張精算、食堂利用など）は一切のチェックがない
21. 社員の幸福と「やる気」を最も重視
22. 提案は内容にかかわらず 1 件 500 円。さらに審査して賞金。
23. 社員旅行は毎年国内、5 年に一度海外を実施
24. クラブ活動は、3 人集まれば会社から年間 12 万円の補助金が出る

組みの内容から教えられることは、社員一人ひとりが高い意欲を持ち、各自の知恵を絞って働けるような環境を整え、無駄な経費を排除することができたならば、短い労働時間であっても十分に利益を上げることは可能であるということであろう。

　私が以前いた大学では、遅くまで仕事をしていることを良しとする風潮があった。今いる短期大学でも、遅くまで働く職員や、休日出勤している職員も少なくない。そのような状態で何とか業務が回っているので、管理者側にも、この状況を変えていかなければならないという気づ

きは得にくいばかりでなく、むしろ部下が長時間働いているということが、管理者側に安心感を与えているのである。しかし、それでは働く人も組織も、いい状態にはなっていかないのである。心理学に、返報性の原理といわれるものがある。相手から自分に対して何らかの言動が与えられると、自分も相手に対して同様の言動を与えたくなるという心理状態のことである。

　教職員も、大学側が自分のことを考えてくれていると感じたら、大学のために尽くそうという気になるのであり、考えてくれていないと感じれば、他の人に自分の大学の悪口を言いたくなるのである。私の短大でも、着任してしばらく経った時に、教職員の自由な意見を募ったことがあった。満足している事柄ももちろんあったが、予想していたとおり、不満に属する意見が多く出ていた。教学や事務局のトップがいつも外部から登用されることや、自分たちの昇進のルートが不明確であるといった不満もあったが、多くは自分たちのことを考えてくれていないという趣旨の不満であった。

　大学は、もともとは働く人に優しい組織であったように思う。実際、私のいた大学でも、その優しさを求めて金融機関等から転職してくる人も少なからずいた。それが18歳人口の減少により、大学を取り巻く環境が厳しくなってきたことで、より効率的な働き方が求められ、学内にも評価制度に代表されるような競争環境が持ち込まれるようになったのである。この時に、もし未来工業のような考え方を大学が持つことができたならば、競争環境でなく、協力し合う風土がつくれたのではないだろうか。

# 4 働き方を考える

## ●全員を人生の勝利者に

　第1回の「ホワイト企業大賞」を受賞した、もう一つの企業、ネッツトヨタ南国株式会社も未来工業株式会社と同様、働く社員を第一に考えた経営を実践している会社である。人にやさしい企業を取り上げている『日本でいちばん大切にしたい会社』（坂本光司著）という本の第2巻に同社が掲載されているが、それによればネッツトヨタ南国株式会社のショールームには展示車がなく、そのスペースを使って、ゆったりとくつろげるイスやテーブルが数多く用意されているという。車を売るということを前面に押し出すのでなく、顧客とのコミュニケーションをとる場として、ショールームを位置づけているのである。そして、このようなアイディアは、すべて社員から出てきたものであるという。

　同社の創業時から経営を担ってきた横田英毅氏（現在、同社相談役）は、著書『会社の目的は利益じゃない』の中で、「わが社にとっていちばん大切なことははっきりしています。それは『全社員を勝利者にする』ことです。私はその実現に向かって、会社のすべての施策を考え、実行していこうとしているのです。」と書いている。全社員を勝利者にするためには、競争環境は馴染まない。なぜならば、競争になれば、必ず勝者と敗者が生じてしまうからである。

　このため同社では、自動車ディーラーといえば必ず連想される、各営業スタッフの販売台数を棒グラフで表している掲示物の類は存在していない。販売台数が多いことはもちろん望ましいことではあるが、顧客の立場に立った、顧客との長期的な関係性を大事にした販売プロセスを重視しているのである。そしてそれは個々人のレベルでなく、会社全体のレベルとして、そのような販売プロセスとなることを何よりも重視しているのである。

　このような視点に立っているので、営業スタッフは自分の顧客でなく

ても親身に対応するし、忙しいときにはエンジニアがショールームでお客さんにお茶を出すこともある。このように、個人単位でなく、同僚たちとの優れたチームワークが発揮されるとき、人はやりがいを感じるのではないだろうか。そしてそこから生み出される優れたサービスが顧客の感謝につながり、それがまたやりがいの増大になるという、きわめて望ましい循環が機能しているのである。

## ●離職率2%に

よく言われる「七・五・三の離職率」というものがある。これは新卒で就職した人のうち、中学卒では7割、高校卒では5割、大学卒では3割が、3年以内に辞めてしまうという状況を表した言葉である。自動車ディーラーの正確な離職率は把握できていないが、一般的には平均より高いということが言われている。私の妻が、自宅近くのディーラーで車を買った時の営業スタッフは20代前半であったが、同期はもう誰も残っていないと言っていた。そしてそのスタッフも、3年後には退職の挨拶に来たのである。

そのディーラーの内情は分からないが、買った車が電気自動車だったので、その充電のため店に何度か足を運んだことがあった。入店しても誰も挨拶もしないし、コーヒー等はセルフサービスで飲めるようになっているので、飲みながら充電が終わるまでの時間を無言で過ごすのが常であった。ネッツトヨタ南国では、お客が駐車場に入るとスタッフがドアを開けて待っていて、明るい挨拶で歓迎され、快適な空間で飲み物がサービスされているというが、それとは大違いの状況である。この状況からだけでも、自宅近くのディーラーの社内風土はある程度、推測できる。おそらくはコミュニケーションも活発でなく、雰囲気は暗い、そして何よりも大切な、どのような店にしていこうというビジョンがないのではないだろうか。

ネッツトヨタ南国が、社員に対して行っているアンケートが紹介されていた。次に挙げる項目で、当てはまるものをチェックしなさいという

ものである。

---

1. 成長の実感がない
2. 自分で考えて仕事をすることができない
3. あまり自由に意見が言えない
4. 自分の努力が評価されない
5. 職場の人間関係、上司関係がよくない
6. コミュニケーション不足、チームワークがない
7. 部門間のセクショナリズムが強い
8. 所属している組織を愛せない

---

　中小企業でこのアンケートを実施すると、四つ程度にチェックが入る例が多いようであるが、同社の場合、ゼロの人が半分、一つ当てはまる人が半分という結果だったという。この八つの質問は、人が持っている所属の欲求、承認の欲求、自己実現の欲求といったものに関わる内容であるが、これらがほぼすべて満たされているという状況は、社員が高い満足感や、やりがい、そして充実感を持って働いていることを示すものである。このような働き方ができているならば、よほどの事情がない限り、辞めたいと思うことはないであろう。

## ●働きたくなる組織

　ネッツトヨタ南国は、1999年以降、トヨタの全販売店の中で顧客満足度ナンバー・ワンの地位を獲得している。このため、同社には年間数百通を超えるお客からの礼状が送られてくるという。その中の一つに、同社主催のイベントに参加したお客が、「イベントの楽しさだけでなく、スタッフの皆さんの姿を見せていただき、期待以上の体験でした。こんなふうに日々お仕事されている方々がおられるのだなぁと、なにかうれしく感じました。……わが子が将来こんなふうに仕事や人生に取り組む大人になってくれたら」と感謝の気持ちを書いたものがある。

　顧客サービスの良さに満足するだけでなく、それを提供しているスタッフの働き方、生き方にも共感と感動を覚えているのである。滅私奉

公ではないが、自分のことは後回しにして顧客に尽くすということではなく、自分たちのやりがい、充実感を求めている中で顧客への優れたサービスが生み出され、高い顧客満足度が実現できているのである。

　大学は、教育というサービスを提供して、学生の成長を支援、促進することを目的としている組織である。そして多くの教職員は、そのことに直接・間接に関わることに意義を感じていることと思う。しかし、18歳人口減少に伴う競争激化により、大学組織にも競争原理が取り入れられ、経営が厳しい大学ほど、待遇の悪化、働き方の強化という状況が生じてきている。

　私の短期大学も、学生が集まらなくなった時期には人員削減、給与の切り下げ、労働時間の延長といった措置が取られたと聞いている。疲弊した教職員の、良心に基づく教育サービスの提供は継続されたが、それはなかなか十分なものにはなり得なかったであろう。高い顧客満足度は、高いスタッフ満足度が生み出すものであるということを、ネッツトヨタ南国の歩みから、大学も改めて学ぶ必要があるのではないだろうか。

## ●ニューハードワーカー

　今から30年少し前、バブル期にモーレツに働くビジネスマンを対象とした栄養ドリンクのCMソングに、「24時間戦えますか」というものがあったが、そのような滅私奉公スタイルでのハードワークでなく、仕事を楽しみつつ没頭している働き方をする人たちのことを、ニューハードワーカーと呼んでいる。もちろん本人の健康との調整は必要となるが、このように仕事に楽しさを感じながら、集中して働いてくれる構成員が多いほど、その組織は当然ながら成果の出る組織ということになる。

　では、大学での状況はどうであろうか。以前、ある大学で講演をした際に聞いた話であるが、ある年、その大学のパンフレットを一新しようということになり、いろいろな大学のものを見ていく中で、都内の大学

が制作しているパンフレットに目が留まったという。そのパンフレット
は、卒業生の仕事を通じて大学の学びを紹介するというスタイルで、数
多くの卒業生へのインタビュー記事から制作されているものである。

　それと同じようなものをつくりたいと思い、その大学に問い合わせた
ところ了承が得られたので、早速、つくりだそうということになった。
ところが、その時点ですでに例年の完成予定の時期まで４か月程度し
かなく、つくろうとしているパンフレットは多くの卒業生の職場を訪問
して取材しなければならないという、大変手間のかかるものであったた
め、今年度はあきらめて次年度から変えようということで落ち着きそう
になった。

　その時、一人の職員が「自分が責任をもって期日までに完成させるの
でやらせて欲しい」と名乗り出た。それから彼は職場に寝袋を持ち込
み、毎日、夜遅くまで作業をし、時には職場に泊まりながら、ついに予
定どおりの日程で新パンフレットをつくりあげたのである。従来の大学
職員には見られないその働き方に、周囲は驚き、そして称賛したそうで
ある。

　この時のこの職員の気持ちは、大学のために自分を犠牲にして働かな
ければならないというものでは決してなく、自らがつくりたいと思った
パンフレットの完成という目標に向かって、楽しみながら仕事に没頭し
たという、ニューハードワーカーの働き方であったろうと思われる。も
ちろん、これほどハードではなかったが、以前いた大学の、定員割れか
らの回復を図ろうとするプロセスでの私自身の働き方も、組織のためと
いうよりは、仕事そのものを楽しんでいたという要素が強かったよう
に、今、思うと感じられる。

### ●大学の事情

　現状、大学の中でニューハードワーカーに類するような働き方の人は
いるだろうかと考えたとき、研究熱心な教員はこれに類するものになる
のではないだろうか。私の短大でも、以前、あまり遅くまで研究室にい

るのもワークライフバランスの観点から好ましくないであろうということで、夜の10時頃を目途にしたらどうかという提案があったが、それは困るという声が上がった。研究も大学教員にとって仕事であるという面はあるが、それは強いられてではなく、自らの興味に従い、自らの成長を目指してのものであるから、無理して働いているということには全くならないのである。

　では、職員はどうであろうか。前述の職員のような例もあるが、それは極めて例外的なもので、ほとんどの職員は、やりがいを感じる要素は持ちつつも、やはり義務として働いているという面が多いのではないだろうか。その理由は何であろうか。自分自身の体験も含めて考えてみると、一つは仕事の内容によるものであると思う。

　「職務特性モデル」という考え方を、本章の1で紹介したが、それによれば、単調な仕事ではなく、自分が持つ多様なスキルや才能を活かせる仕事であること、始めから終わりまでの全体を理解したうえで、関われる仕事であること、その業務が成果を挙げるために重要なものであること、計画や手法など仕事のやり方を決めることに関する自由度が高いこと、自分が行った業務の成果、結果が確認できることという五つの要素が、仕事に対するモチベーションに影響を与えるとされている。

　大学の職員の場合、部や課といった部門ごとに職務が配分されていて、そこに複数の職員が所属しているため、一人が担当する業務は相当程度に細分化されている。そのため、全体を理解するという面でも、自己の業務の重要性を理解するという面でも、十分とはいえない。また、主任、係長、課長補佐といった具合に、職階が細かく設定された命令系統が確立されていて、その中で働いているので、計画や手法に関する自由度も低いものになってしまう。成果を挙げる組織としていくためには、組織としてのまとまりを崩さずに、各人の仕事の自律性を高める工夫が必要となる。

## ●働き方を二分する

　組織を活性化させる働き方として、権限移譲ということがよく言われている。ホワイト企業の代表として取り上げた岐阜県の未来工業でも、「ホウレンソウ」といわれる報告・連絡・相談を強要せず、社員の自律性を重んじていることで社員が生き生きと、やりがいを感じて働いている。大学でも、このような権限移譲が可能であれば活性化の有力な施策となるのであるが、保守的であり、肩書の権威を維持することで職場の秩序が保たれているというような状況も想像されるので、現状ではなかなか難しいといえる。

　大学職員の業務には、毎日、毎月、毎年行わなければならない経理処理、成績処理、などの定型的な作業は少なからずあるが、近年、発想力、企画力、渉外力といった力が求められる、定型的でない業務の比率も増えてきている。社会と連携した新しい取り組みの企画、実施といったことや、新しい広報手法を考え展開すること、職員の能力開発といったことなどが、その例として挙げられる。

　定型的な業務はできるだけ効率化する必要はあるが、なくすことはできないので、その処理に関しては現状の各部門の命令系統に従った決裁システムによって進めていくが、非定型的、創造的な業務に関しては、部、課といった所属に縛られず、希望者によるプロジェクトチームを編成し、命令系統からは離れた、自律性を持った形で運用させるのである。

　自律性を持たせることに不安を感じ、実行を躊躇する管理者も少なくないと思われるが、新しい活動はたとえ成功しなくても、担当者に多くの学びを与えることになるし、大学にとって大きな損失となるようなことはほとんどないといえる。むしろ、非定型的、創造的な業務を従来の命令系統の中で進める方が、マイナス面が多いのではないだろうか。

　ある大学の若手職員の話であるが、業務改善の企画を委託され、同僚たちと長い時間をかけて検討してつくった改善案を管理者に提出したそうである。それに対して、しばらくの間、反応がなく、ようやく出てき

た回答は現状どおりということで、改善案は採用されなかったのである。その職員の意欲が大きく低下したことは明らかであり、決められたことをやるという働き方が、大学では必要かもしれないと言っていた。

　恵まれた環境下であれば、つつがなく業務を処理させるマネジメントが機能するが、厳しい方向への変化の激しい環境下では、任せつつ支援するという、サーバントリーダー的なマネジメントが求められているのではないだろうか。

## 5　組織能力を高める

### ●ある調査結果から考える

　私の所属している日本私立大学協会附置私学高等教育研究所の、私大ガバナンス・マネジメント改革プロジェクトチームが、これからの大学におけるマネジメントのあり方を考えるため、2017 年の 4 月から 6 月にかけて『私立大学におけるガバナンス及びマネジメントに関する調査』（以下、「本調査」という）を実施した。それを基にして、大学組織の在り方と成果の出せる組織との関係性について考えてみたいと思う。

　大学に限らず、組織を維持し、発展させていくためには、戦略的なポジショニング（Strategic Positioning）と組織能力（Organizational Capability）の二つの要素が必要であるといわれている。戦略的なポジショニングとは、顧客や市場のニーズに対応した自組織ならではの在り様であり、組織能力とは、その在り様を実現することのできる、組織としての思考力や行動力のことである。

　大学という組織が成果を挙げるためには、もちろん他の組織と同じくこの二つの要素が必要とはなるが、どちらが重要かといえば、それは組織能力の方ではないだろうか。限られた知見ではあるが、成果の挙がっていない大学、状況がなかなか改善されない大学のほとんどは、あまり考えていない、または考えはしていても、策定した施策を実行に移せて

いないというところが多いからである。

　なぜ実行に移せないのかは、大学によっていろいろな事情があるとは思うが、特に強力な抵抗勢力があるわけではないという状況であっても、なかなか行動に結びつかないのである。そのような大学でも、個々人に聞いてみると、実行しなければならない状況であるということは十分に認識しているケースが多いことを考え合わせるならば、動きだすための仕組みや風土といった、まさに組織能力の面での課題があるといえるのではないだろうか。さまざまな大学の組織能力の状態を、本調査の結果だけで正確に読み取ることは困難ではあるが、多くの大学にとって最優先課題である定員充足状況を、大学の組織能力を測る指標とすることで、ある程度の仮説が構築できるのではないだろうかと考えている。

　定員充足状況は、もちろん立地や開設学部によってもある程度、左右されることになるが、看護学部など一部の学部を除けば、当該学部だから、当該立地だからということだけで定員が確保できるということは、あまりないと思われるので、定員充足状況と組織能力の関連性は、相当程度にあると考えていいのではないだろうか。

## ●組織能力を構成する要素は

　組織能力の状態を本調査から読み取るためには、組織能力を構成していると思われる要素を抽出する必要がある。その要素と定員充足状況との関連性を見ることで、組織能力と成果との関係が、ある程度、明らかになるからである。私自身、小さな短期大学であるが学長に就任し、これまでの７年間の歩みの中で、組織を動かしていくことの困難さを実感している。そのような経験も加味して考えると、組織能力として重要だと思われる要素として、以下の五つを挙げることができる。

　最初に挙げられるものは、目指すべき姿の明確化とその共有ということである。これは組織の三要素の最初に挙げられている、共通の目的を持つ人の集まりということと同じことになる。個々人ではなく組織というものが動くためには、進むべき方向性が明確であることと、その方向

性について構成員が合意していることが必要だからである。各自がそれぞれ良いと思うことを行っているという状態が大学ではよくみられるように思われるが、それではエネルギーのベクトルが合いにくいので、組織を動かすに足りる、強力なエネルギーとはなりにくいのである。

　次に挙げられるのが、目指すべき姿の共有とも関連するものであるが、組織の一体性という要素である。特に大学の教員組織の場合、これまであまり皆が一体となって行動するという状況がなかったので、教員が職員と一体となって動ける組織としていくためには、相当程度の困難と根気が伴うものとなるであろう。しかし、大学の場合、直接、教育に関わっていて、人数としても多い教員組織が、ある程度足並みを揃えて動き出さないと、改革は進まないことになってしまう。そのため、教員組織の一体性をつくりだすこと、そして職員組織との連携・協働を図るということは、大学の組織能力を高めるためには重要な要素となる。

　三つ目に必要な要素は、組織を動かす機動力となり、改革・改善に向けての組織の動きを妨げるものを排除する働きをする、適切なリーダーシップの存在である。大学は比較的、命令系統が弱い組織ではあるが、それでも組織のトップの姿勢は相当程度に影響力を持つものであるから、改革や改善を推進する姿勢、強力に支援する姿勢を示すリーダーシップの存在は不可欠なものである。

　強力、かつ適切なリーダーシップが発動され続けられているならば、組織は良い方向に進み続けることができることになるが、すべての面において、常に適切な判断をするということは、実際には非常に難しいことである。そこを補うのは、現場の知恵、知見である。そこで四つ目に必要となるのが、現場の知恵を生かし、現場の行動を引き出すことのできるマネジメントという要素である。

　そして最後に必要と考えられるのが、現場重視の姿勢とも関連することであるが、教職員の当事者意識を醸成するということである。命令されたことだから、決められたことだから実行するということでも、ある程度の成果は期待できるが、より高い成果を生むためには、実行にあた

る教職員が、それを自らの意志と責任のもとに行うという状態が必要となる。これは本章の4で紹介した、ニューハードワーカーの働き方である。

　組織能力を構成するこれらの五つの要素を、本調査の結果の中から読み取り、組織能力を高めるために有用な取り組み、仕組みを明らかにしていきたいと思う。

## ●目指すべき姿の明確化と共有

　この点に関しては、「中長期計画（将来計画）をどのような形で持っていますか」という質問に対して、273校中、44.7%にあたる122校が「経営の基本方針を成文化している」と答えている。成文化していると答えた122大学の定員充足状況を見てみると、表1のとおり51%の大学が定員を充足している状況となっている。

　回答している大学273校のうち、定員を充足している大学の比率は44.0%なので、成文化している大学の定員充足率は、7%程度ではあるが平均を上回る状況となっている。特に定員充足率が80%未満の比率は、全体に比べて少なくなっている。もちろん、その大学の目指すべき姿の明確化と共有のために、経営の基本方針を成文化するということが唯一の手段ではないが、成文化することにより可視化され、その内容が明確となり、共有しやすくなるということはいえるのではないだろうか。

**表1　経営の基本方針を成文化している大学の定員充足状況**

| 定員充足率 | 経営の基本方針を成文化している大学 | 回答校全体 |
|---|---|---|
| 100%以上<br>80%以上100%未満<br>80%未満 | 62校（51%）<br>42校（34%）<br>18校（15%） | 120校（44%）<br>92校（34%）<br>61校（22%） |
| 全体 | 122校 | 273校 |

## ●目指すべき姿を共有するには

　目指すべき姿の共有に関係する回答として、「理事長や学長の方針は、教授会や教職員に浸透している」というものがあり、それによると、「あてはまる」と回答している大学の定員充足率は平均を下回っていて、「ややあてはまる」と回答した大学を合わせても平均とほぼ同じ比率となっている（表2参照）。組織が持つべき要素として最も重要だと思われるものは、共通の目的を持つ人の集まりということであるから、理事長や学長といった大学組織のトップの方針が教職員に浸透していればいるほど、良好な成果が出るはずであるが、回答は逆の結果となってしまっている。

　この理由としては、二つのことが考えられる。一つは浸透している方針自体があまり適切なものではない、すなわち、それを共有しても大学の評価向上にはつながりにくい方針であるということ、もう一つは、浸透しているはずという回答者の認識と現状にズレがあるということである。私自身のマネジメントの経験から、そして回答している層は大部分が経営陣、管理者側であるということを考えると、おそらく後者のケースが多いのではないかと思われる。伝える側は相当程度以上に伝えたので、浸透しているはずと思っていても、受け取る側の意識が十分でないと、なかなか伝わらないということを私自身も何度も体験しているからである。

表2　理事長や学長の方針が教職員に浸透している大学の定員充足率

| 定員充足率 | あてはまる | ややあてはまる | 回答校全体 |
|---|---|---|---|
| 100％以上 | 47校（40％） | 65校（49％） | 118校（44％） |
| 80％以上100％未満 | 47校（40％） | 39校（30％） | 91校（34％） |
| 80％未満 | 24校（20％） | 28校（21％） | 60校（22％） |
| 全体 | 118校 | 132校 | 269校 |

　目指すべき姿を教職員に共有してもらうためには、機会あるごとに伝え続けることももちろん大切なことではあるが、それだけでなく、具体

的な活動と目指すべき姿との関連性を、その都度、説明していくことも大切なことである。また、目指すべき姿に向けて進んでいくプロセスにおいて、将来の明るさが少しでも感じられるような、目に見える変化を教職員に与えることも、目指すべき姿を共有するためには重要なことである。この動きに従っていけばよい状態になるかもしれないということが感じられたならば、その方向性に進んでいくことに対して、賛同する者は増えていくことになるからである。

## ●組織の一体性

　次は、組織能力を構成する二つ目の要素として挙げた、組織の一体性について考えていきたい。一体性のある組織としていくために必要なことはいろいろと考えられるが、まずはそれを推進していく執行部の一体性というものが大変重要な要素となる。推進していく人たちの方向性、意欲が同じものになっていなければ、組織の一体性が生まれるはずがないからである。この状況を推測できる回答として、まずは副学長の専任方法が挙げられる。

　回答内容としては学長指名が56%、理事長ないし理事会指名が36%と、両者で9割以上を占めているが、定員充足率で見ると、学長指名が理事長ないし理事会指名よりも良好な結果となっている（表3参照）。大学組織のトップである学長が、協働者として相応しい人を自ら選任することで執行部の一体性が担保され、それが組織の一体性の促進に役立ち、成果につながっていることが推測できる。

表3　副学長の専任方法と定員充足率

| 定員充足率 | 学長の指名 | 理事長（会）の指名 | 回答校全体 |
|---|---|---|---|
| 100% 以上 | 67校（50%） | 26校（31%） | 102校（43%） |
| 80%以上 100% 未満 | 45校（34%） | 31校（36%） | 84校（35%） |
| 80%未満 | 21校（16%） | 28校（33%） | 52校（22%） |
| 全体 | 133校 | 85校 | 238校 |

これを学部長の選任で見てみると、最も多い選出方法は副学長の場合と同じく学長の指名で、次いで理事長ないし理事会の指名、そして選挙で選出となっている。これを定員充足率との関係で見ると、良好な順に選挙で選出、学長の指名、理事長ないし理事会の指名となっている（表4参照）。選挙で選出するのは大規模な大学が多いせいかとも思ったが、規模別の比率でみると73％が入学定員1,000人未満となっているので、規模の影響はほとんどないようである。

　学部長の場合、執行部という要素ももちろんあるが、それよりも学部の教員を代表するという要素の方が強いので、学部の構成員の意向を最も反映できる選挙という選出方法が、組織の一体性をより保ちうるといえる。理事長（会）の指名という選出方法が最も低い定員充足状況となっているのは、学部の構成員の意向や学長の意向に沿わない人選が行われることがあり、その結果、執行部の一体性が損なわれ、それが組織の成果を妨げているのではないだろうか。

**表4　学部長の専任方法と定員充足率**

| 定員充足率 | 学長の指名 | 理事長（会）の指名 | 選挙で選出 | 回答校全体 |
|---|---|---|---|---|
| 100％以上 | 33校（37％） | 17校（26％） | 34校（62％） | 105校（42％） |
| 80％以上100％未満 | 34校（38％） | 26校（41％） | 13校（24％） | 86校（35％） |
| 80％未満 | 22校（25％） | 21校（33％） | 8校（14％） | 57校（23％） |
| 全体 | 89校 | 64校 | 55校 | 248校 |

　組織の一体性をつくるためには、一体性を担保しやすい執行部の人的構成ということに加えて、一体性のある行動を生み出す仕組みも必要となる。執行部の方針もある程度共有され、一定程度以上の率の教職員が皆で動き出さなければならないと感じていても、そのための仕組みがないと、なかなか一体となった行動が生じにくいのである。適切な仕組みづくりが、目指すべき姿に向けた統一性のある行動を生み、成果につな

がることになる。

2019年7月に東京大学が実施した調査によれば、中期計画を策定している大学は92.5%となっている。2007年に私学高等教育研究所が実施した調査では、中期計画の策定率はわずか24.8%だったことを考えると、ここ10年余りの間に策定率は急速に向上している。大学を取り巻く環境が厳しくなり、恵まれた時代のように毎年、同じことを繰り返しているという大学運営では対応できなくなり、大学経営が不可欠になったことを示すものである。しかし、中長期計画がいかに適切に策定されたとしても、それが行動に結びつかなければ、当然ながら成果は出ないことになる。

策定された中長期計画を個々人レベルでなく、組織として実践していくための仕組みとはどのようなものであろうか。それは、部門ごとに、そしてその構成員ごとに、どのような成果を、どのレベルで、いつまでに挙げることが必要かということが明確にされていること、そのための権限が委譲されていること、そして進捗状況が可視化され、状況に応じた修正が可能になっているということではないかと思う。この点について、本調査を基に引き続き考えていきたい。

## ●中長期計画と個人目標との連結 ────────

本調査では、中長期計画が教職員の個人目標と程度の差はあれ連結しているかを問うているが、その回答と定員充足状況は次のとおりである（表5・6参照）。教員、職員とも100%以上の定員充足率で見ると、連結していない大学の方が充足状況は良好となっている。

これは、中長期計画を教職員の個人目標と連結させても効果的でないということを示すものではなく、連結させたとしても個人目標がきちんと遂行されないならば効果が出ないということを示していると考えられる。該当校の数は少ないが、十分に連結していると答えている大学では、定員充足状況は平均を上回るものとなっている（表7参照）。

また、教員と職員とを比較してみると、職員の個人目標と十分に連結

している場合の方が、定員充足の比率が高くなっている。これは、職員組織の方が、組織として一体性のある行動となりやすいからであろうか。

### 表5　中長期計画が教員の個人目標と連結している

| 定員充足率 | 連結している | 連結していない | 回答校全体 |
|---|---|---|---|
| 100%以上 | 66校（40%） | 44校（50%） | 110校（43%） |
| 80%以上100%未満 | 64校（38%） | 25校（28%） | 89校（35%） |
| 80%未満 | 36校（22%） | 19校（22%） | 55校（22%） |
| 全体 | 166校 | 88校 | 254校 |

### 表6　中長期計画が職員の個人目標と連結している

| 定員充足率 | 連結している | 連結していない | 回答校全体 |
|---|---|---|---|
| 100%以上 | 81校（43%） | 29校（45%） | 110校（43%） |
| 80%以上100%未満 | 73校（38%） | 16校（25%） | 89校（35%） |
| 80%未満 | 37校（19%） | 19校（30%） | 56校（22%） |
| 全体 | 191校 | 64校 | 255校 |

### 表7　中長期計画が教職員の個人目標と連結している

| 定員充足率 | 十分連結(教員) | 十分連結(職員) | 回答校全体 |
|---|---|---|---|
| 100%以上 | 4校（44%） | 8校（50%） | 110校（43%） |
| 80%以上100%未満 | 5校（56%） | 6校（38%） | 89校（35%） |
| 80%未満 | 0校（0%） | 2校（12%） | 56校（22%） |
| 全体 | 9校 | 16校 | 255校 |

※回答校全体は職員の場合の数値。教員の場合は80%未満が1校減り、合計も1校減っている。

## ●なぜ成果につながらないのか

　中長期計画と教職員の個人目標が連結されていても成果と結びついていない理由として、個人目標がきちんと遂行されていないのではないか

ということを挙げたが、その理由としてまず考えられることは、中長期計画自体の抽象度が高いのではないかということである。これまでに目にした大学の中長期計画には、共通してよく使われている表現がある。それは、○○の強化、○○の推進、○○の充実といった表現である。私自身、自分の短期大学の事業計画を策定するときに、ついこれらの表現を使っていることに気づき、慌てて書き直すということが少なからずあった。

　なぜこのような表現が多く使われるかといえば、具体的でないがゆえに、掲げやすいからである。例えば、目標の記載の仕方として「就職支援に関する学生の満足度を 85％に向上させる」と書くよりは、「就職支援体制の充実」と書く方が負担感を感じずに済むし、結果を振り返る際にも、目標を相当程度に達成したという説明をしやすいからである。

　この「就職支援体制の充実」という目標が、就職支援を担当する教職員の個人目標にそのまま連結されるならば、担当者としては、少しでも充実に資すると思われる活動を目標達成のために行うことになる。そのことで、程度の差はあれ確かに充実する方向には進んでいくことにはなるが、それが学生の満足度や就職実績を大きく向上させ、その大学の評価を高めるといった結果につながるかといえば、そこまでの大きな状況変化を、抽象的な目標から生じさせることは難しいといえる。

　次に考えられる理由は、目標自体は具体的な数値等を掲げてはいるが、目標自体が遠くに感じられるような設定になっているという場合である。遠くに感じられる目標が与えられても、なかなか具体的な一歩を踏み出しにくいのである。定員割れが比較的深刻な状況にあったある大学が、翌年の入学者を 5 割増しにするという目標を掲げた。なぜこのような目標を設定したのかといえば、それが達成されれば定員割れが解消するからである。

　非常に高い目標を掲げることで、新しいユニークなアイディアが生まれるということがあるとも言われてはいるが、実際には具体策が想定しにくいため、行動は生じにくくなってしまうのである。

## ●連結させるための目標設定とは

　成果につながらない理由として、中長期計画の抽象度の高さを挙げたが、大学全体の中長期計画が抽象度の高い表現になってしまうのは、基本的な計画であるという性質からくる、やむを得ない面もある。大切なのは成果につなげるということであるから、抽象的な基本計画を部門や個人に連結していく際に、具体的な内容に変え、行動と結びやすくしていく変換プロセスを設けることが必要となる。

　例えば、多くの、特に中小規模の大学では、学生の確保ということが中長期計画の一項目となることが多いと思われるが、それを、そのまま入試広報部門の目標としたのではどの程度のレベルを目指すのかが明確でないので、負担の伴う大きな改善は生じにくくなってしまう。それを具体的に何名の入学者を確保する、もしくは前年比何割増の入学者を確保するという表現に変換することが必要となる。

　また、勇ましい目標設定は教職員の志気の向上に結びつくこともあるが、具体的な道筋を考えやすくするためには、遠い目標を段階的に分割し、具体策と結びつきやすいレベルのものに設定しなおすことが必要である。入学者数を5割増しにするではなく、初年度の目標としては1割増しに設定するという具合である。そのような目標であれば、例えばこれまで入学している高校からの入学者を1割増やすこと、募集対象エリアを少し広げ、そこから新規の入学者を何名獲得するといった実現可能な数値目標が設定でき、その実現に必要な活動計画も立てやすくなるのである。

　大きな目標を持つことは大切なことであり、身の丈に合った目標だけを設定していては大きな飛躍は望めないことになるが、問題はその設定の仕方である。個人のダイエットでも、いきなり20kg減らすといった大きな目標を掲げても、具体的な方法は考えにくい。1か月に2kg減らすといったマイルストーンを設定することで、具体的な行動が生じやすくなり、最終的に20kg減という成果を手に入れられるのである。

## ●行動につながる計画に必要なこと ━━━━━━━━━

　当たり前のことではあるが、計画は実行されて初めて成果が出るもので、実行されない計画は絵に描いた餅であり、組織に何の成果ももたらさない。策定した計画が行動につながりにくい理由として、計画の抽象度の高さや目標の遠さといったことを挙げたが、この点は重要なことなので、行動につながる計画を策定するためには、どのような要素を盛り込むことが必要なのかを、もう少し整理していきたい。

　実行される計画をつくるための概念として企業等でよく用いられているものに、「SMAC」や「SMART」といったものがある。SMACとは、Specific（具体的である）、Measurable（測定可能である）、Achievable（達成可能である）、Consistent（一貫性がある）という言葉の頭文字をとったものである。似たような内容であるがSMARTとは、Specific（具体的である）、Measurable（測定可能である）、Achievable（達成可能である）、Relevant（関連性がある）、Time-bound（期限が設定されている）という言葉の頭文字をとったものである。Aに関しては、Achievable（達成可能である）でなく、Agreed（合意されている）が当てられることもある。

　大学で考えた場合、達成不可能な計画を立てることは少ないと思われるし、合意されている計画の方がより行動につながりやすいと思われるので、AはAgreed（合意されている）とした方が適切であろう。また、Consistent（一貫性がある）とRelevant（関連性がある）とは同じ概念であり、当該計画が当該組織の目指すべき姿、戦略と同じ方向であるということを表している。

　例えば中長期計画の中に、就職状況の向上を図るという趣旨の一項目があったとして、それを「SMAC」や「SMART」というものに当てはめて書き直すとどのようになるだろうか。具体的、測定可能であるという要素を加えるとすると、就職内定率98％以上とか、就職支援に関する学生の満足度80％以上、もしくは3年以内の離職率を20％以内にとどめるといったような数値目標の設定が考えられる。

数値化することで、目指すべきレベルが明確になり、現状との乖離状況も認識しやすくなる。そしてそのことにより、必要とされる具体的な活動も考えやすくなると思われるし、活動を振り返り評価する際にも、どの程度の達成レベルかが計測できるので、改善にもつなげやすくなるのである。

## ●計画を再定義する

　数値化することで計画の具体性は増してくるが、数値目標だけでは大学が目指すべき姿との一致を図っていくことは難しい。就職内定率98％以上と定めただけであると、分母の就職希望者数の判定基準の解釈を調整することで内定率を向上させることができてしまう。しかし、それでは数字の上では目標達成ということにはなるが、実質的な内容は全く良い方向に進んでいるわけではない。入学定員を確保するといった場合も同様である。大学での学修に支障が予想されるような受験生まで入学させて確保の比率を高めるということをするならば、数値上では目標に近づくものとなるが、授業内容の低下を招いたり、進学市場での評価が低下したりするなど、中長期的にみると適切でない結果につながるおそれがある。

　何のための計画かといえば、大学が目指している姿に少しでも近づくことで受験生や高校の先生、そして地域社会での評価を向上させ、顧客や市場から必要とされる大学となるためである。計画の中の各項目は、そのための手段ということである。それにもかかわらず、目標が各部門や個人に割り振られた途端に、目標達成自体が目的となってしまうことは、よくあることなのである。

　就職状況の向上を図るという目的は、学生の適性に合った就職先が得られるようにすることで、学生自身、そして就職先の満足度を高め、その結果、大学の評価向上につなげるためである。そうであるならば、そのための活動として計画すべきものは、学生の現状やニーズを把握するために個人面談を実施すること、就職先となる企業等との関係性を構築

し、その人材ニーズ等を把握するということになる。そして、それらから導き出される社会で必要な知識やスキル、人間力といったものを養成することのできる教育や支援のプログラムを自ら企画・実施すること、あるいは担当部門にその必要性、有用性を伝え、実施を促していくということになる。

　そうであるならば、目標として設定すべき項目は、結果としての就職内定率だけでなく、学生の現状やニーズの把握状況、企業の現状や人財ニーズの把握状況、入社1年後の満足度、就職先企業からの評価といったことになると思われる。このような、大学が目指している姿に向かって進めるような目標設定であれば、教職員の合意も得られやすくなるのである。もちろん、いつまでにという期限の設定は不可欠である。

# 6　行動を管理する

## ●行動を生じさせるには

　やるべき活動は決まったが、それでもなかなか行動が生じないということがある。人間、好きなことや興味のあることであれば、誰に言われなくても直ぐに取り掛かることができる。ところが仕事となると、好きなこと、興味のあることばかりではない。いや、むしろ嫌いなことや、興味のない範疇のことの方が多いと思われる。また、これまで経験したことのない新しい取り組みであれば、上手くいく自信もないし、失敗した時の非難も予想される。そうなると、活動すべきことは明確になっていても、行動が生じないということになってしまう。なかなか行動を起こそうとしない担当者に対して管理者は、叱咤激励して行動を起こさせようとするが、それでもなかなか状況は変わらないのである。

　行動を科学的に分析してマネジメントに生かす、行動分析学という学問分野がある。心理学の範疇に入るものであるが、その特徴は行動を基準にしてものごとを考えるというものである。この考え方によれば、望

ましい行動が生じないのは、その人の能力の問題でも意欲の問題でもなく、どう行動したらいいのかが分からない、もしくは、やり方は分かっているが行動しにくい状況があるからであるという。

　例えば、入学定員を確保するという目標を達成する一つの手段として、高校訪問を強化するといった方策がとられることがある。ところが担当者は、なかなか積極的に高校訪問という行動を起こそうとしない。その場合に叱咤激励でなく、やり方を教える、もしくは、行動しにくい状況を変えていくというアプローチで解決を図るのが行動分析学の考え方である。

　前者の場合であれば、訪問予約の取り方、入室時の挨拶の仕方、相手方の時間的余裕の有無を観察し、余裕がありそうなときは高校の現状を聞くことから始め、余裕がないようなときは当該高校出身の在学生の現状、入試の変更点といった最低限の伝えたいことを話すといった具合に、行動を細かく分解してやり方を伝えるのである。そうすることによって、はじめて行動が生じてくるのである。

　後者の場合であれば、行動分析学の ABC モデルというものを使って、解決を図ることになる。ABC モデルとは、人間の行動が生じること、生じた行動が継続するかどうか、その行動が増加するのか減少するのかといったことの理由を説明するモデルである。詳細は後述するが、行動分析学をマネジメントに取り入れることで、計画と行動とがつながり、それが組織の成果へとつながるのである。

## ●行動を分析する

　望んでいる行動が生じない原因として、どう行動したらいいのかが分からない、もしくは、やり方は分かっているが行動しにくい状況がある、という二つのことを挙げた。前者の場合は手順を細かく分解して説明し、やり方を理解してもらうことで徐々に改善されることになるが、後者の場合は行動しにくい状況を取り除くこと、変えていくことが必要となる。

どのようにして取り除くのか、変えるのかを考える際に使われるのがABCモデルと言われるものである。A（Antecedent）は先行条件で、行動が生じる状況、行動を誘発する言動を表すものである。B（Behavior）は行動で、先行条件によって引き出された言動のことである。そしてC（Consequence）は、行動の後に生じる結果、変化のことである。計画と実行ということで考えたならば、「与えられた計画を達成するために必要な活動を開始してください」という上司の言葉が、ここでいう先行条件に該当することになる。それに応じて担当者が行動を開始することになる。その行動に対してどのような結果、変化が起きるかによって、その後の行動の状況が変わることになるのである。

　例えば高校訪問を例にとって考えてみるならば、今週から高校訪問を開始しようという課内の決定、あるいは上司の言葉がA、先行条件となる。それに従って高校訪問を行うことがB、行動になる。そしてCは、その後に生じる結果、変化のことである。訪問先の高校の担当教員がきちんと対応してくれ、興味を持って質問してくれるなどのやり取りが行われたならば、行動した人に生じる結果、変化は充実感を感じる、達成感を感じるというものになる。これに対して、訪問先の担当教員が話に全く興味を示さず、早く帰ってほしいというような態度をとられたならば、生じる結果、変化は自信喪失とか、自尊心を傷つけられたというものになってしまう。

　この二つの状況のうち、どちらが高校訪問という行動を増加させるようになるかは明らかであると思うが、この例でいえば興味を持って対応してくれたという結果が、将来の行動の頻度を増加させる「好子」と呼ばれるもので、無視されたような対応をされたという結果が、将来の行動の頻度を減少させる「嫌子」と呼ばれるものである。そして、行動の後に好子が出現することで将来の行動の頻度が増えることを「強化」、行動の後に嫌子が出現することで将来の行動の頻度が減ることを「弱化」と呼んでいる。

　例えば、上司に相談に行ったら問題解決のヒントが与えられるという

良い結果（好子）が与えられたということであれば、相談に行くという行動は強化され、相談に行く頻度は高くなる。それに対して、上司に相談しても、聞くだけで特に具体的な指示が出ないという状況（嫌子）であったならば、相談に行くという行動は弱化され、減っていくことになるのである。

## ●行動を強化する

　前述の高校訪問の例でいえば、訪問先の高校教員が、いつもにこやかに対応してくれるならば、高校訪問という行動が強化され当該行動は増えることになるが、残念ながら相手の行動を思うように変えることは不可能である。このため、高校訪問という行動を継続させるためには、無視されたような対応をされた時の意味づけを変えることで、本来、弱化されるような状況を変えていくことが必要になる。

　一つの行動に関して、弱化と強化が同時に存在するケースは少なくない。例えば子供が勉強するという行動で考えるならば、勉強するという行動をした結果として、遊べないとかテレビが見られないという状況になるので、勉強するという行動は弱化されることになる。一方、勉強することによって知的好奇心が満たされたり、親や先生から褒められたりということになるならば、勉強するという行動は強化されることになる。

　では、高校訪問で冷たい対応をされた広報担当職員に対して、どのようにして行動の弱化を防止し、行動の強化を図ったらいいのだろうか。ある行動をした後に、良いことがあるならば、その行動は強化される（繰り返される、継続される）のであるから、冷たい対応をされたという経験を良いものに変えていくこと、すなわち積極的な意義づけをすることで弱化を強化に変えていくことが必要となる。

　具体的に言うならば、夕方、その日の高校訪問について状況報告をする時間を設け、上手くいった状況、上手くいかなかった状況について意見交換を行い、要改善点について話し合うようにするのである。上手くいかなかったケースを考えることで、例えば予約なしで行ってしまった

ため相手が忙しい時間帯の訪問となってしまったとか、当該高校出身の在学生に関する情報をきちんと把握していなかったため、十分な説明ができなかったなど、要改善点が明確になってくる。

そうなると、冷たい対応をされた高校訪問というものを、今後の改善点を見出すための貴重な体験ということに捉えなおすことができるようになってくる。もちろん、行動した直後に相手の冷たい対応という嫌子が現れるので、その瞬間は行動に対して弱化という働きが作用してしまうが、その日のうちに当該体験が貴重な改善の機会であると捉えなおすことで、弱化の働きを弱くすることが可能になるのではないだろうか。

このように行動分析学では、行動がなかなか生じない、継続しないといったことを、その人の性格や能力のせいにするのでなく、行動が生じやすい状況を整えることで解決を図るのである。

## ●行動を設計する

私もそうであるが、相手に行動してほしい場合に、このような書類をつくってくださいとか、このアンケートの集計をしてくださいといった、ABC モデルでいうところの先行条件、行動を引き出す働きかけを行い、それがなかなか行われないと、イライラしたり、請求したりするが、行動が生じない理由を考えようとはしないのである。もちろんパワーの関係で、強く請求することで行動を引き出すことはできるが、自主的なものではないので、質も低いし継続しにくいものになってしまう。

以前、学生の就職状況や体験をまとめた冊子をつくってほしいと、広報の担当者にお願いしたことがあった。期待していたペースで進んでいないようなので、督促をしてようやく出来上がった。その冊子というものは、性格上、毎年、同じ時期につくるべきものであったので、特に改めて依頼はしなかったのであるが、翌年はつくられなかった。手抜きをしていると、その時は感じたのであるが、行動分析学的なアプローチであれば、行動することで好ましい結果が得られるようにしたり、障害となるような状況を把握し、それを取り除くことをしたりすべきであった

と反省している。

　確かに、その冊子が出来上がったときに、月並みな感謝の言葉は言ったと思うが、特別に褒めるというようなことはしなかったと記憶している。また、その新しい作業が入ることで、本来のやるべき業務が滞るといった望ましくない結果が生じるという状況には、全く考えが及ばなかった。

　このように、行動分析学的なアプローチに基づいて行動を設計するということは大変面倒なことではあるが、その後には、業務が円滑に進み、成果につながるといった好ましい結果が待っていることを考えるならば、手間暇をかけてでも導入すべきマネジメントであると思う。

# 7　リーダーシップを考える

## ●リーダーシップとは

　これまで組織能力を構成すると考えられる五つの要素のうち、目指すべき姿の明確化と共有、組織の一体性、そして一体性をつくるために、計画と教職員の行動を結びつけていく方法等について考えてきた。ここからは、組織能力の三つ目の要素である、適切なリーダーシップの存在ということについて考えていきたい。

　リーダーシップについては、これまで多くの研究が行われ、さまざまな理論も発表されているが、私は、リーダーシップとは組織の行く先を示すということに尽きると考えている。もちろん、実際のリーダーの働きとしては、組織を動かしていくという要素も少なからず含まれてくるが、それはマネジメントの範疇に属するものであると考えている。すなわち、大学の学長といったリーダーの働きには、リーダーシップとマネジメント両方の要素が含まれていて、リーダーの働きイコール、リーダーシップでなく、組織の行き先を示すという働きの部分がリーダーシップといわれるものであると考えている。登山にたとえるならば、

「あの山に登ろう」と指示することがリーダーシップで、示された山にどのようなルートで、どのようにしてメンバーを励ましながら登っていくかというところが、マネジメントになるのである。

2017年に行われた私学高等教育研究所の調査では、「経営トップがビジョンを明確に示し、それに基づき計画を具体化しているかどうか」という質問をしているが、それに対しての回答と回答校の定員充足状況は、表8のとおりとなっている。

表8　経営トップがビジョンを示し、それに基づき計画を具体化している

| 定員充足率 | 十分そうしている | そうしている | 回答校全体 |
|---|---|---|---|
| 100％以上 | 41校（46％） | 64校（44％） | 110校（43％） |
| 80％以上100％未満 | 37校（41％） | 44校（30％） | 89校（35％） |
| 80％未満 | 12校（13％） | 37校（26％） | 56校（22％） |
| 全体 | 90校 | 145校 | 255校 |

「十分そうしている」と回答した大学の定員充足状況は、全体と比較すると良好なものとなっている。定員充足率100％以上というところでは、あまり大きな違いは出ていないが、定員未充足の中においては、「十分そうしている」と回答した大学の方が良好な定員充足状況となっている。本調査では、経営トップが示しているビジョンがどのようなものかは問うていないので、適切なビジョンであるかどうかの判断はもちろんできないが、いずれにしても経営トップがビジョンを示していることは、リーダーシップが機能していることを示すものであり、それが定員充足状況の改善という成果に結びついているのではないだろうか。

## ●リーダーシップのスタイル

リーダーシップが組織の行く先を示すというものであるとしても、その示すまでのプロセス、示し方にはさまざまなものがあると思われる。コーチングで使われているものに、タイプ分けというテストがある。人を「コントローラー」「プロモーター」「サポーター」「アナライザー」

という、四つのタイプに分けるものである。もちろん、人間はそれほど単純なものではないので、一つのタイプにぴったり当てはまるというのではなく、複数の要素を持っているのであるが、その中でも強い要素を特定してタイプに分けるというものである。

　リーダーをこのタイプ分けに従って考えてみると、コントローラーは行動的で、自分の思ったとおりに物事を進めていくようなリーダーである。プロモーターはアイディア豊富で新しいことが好き、人を巻き込んでいくようなリーダーである。サポーターはサーバントリーダーと言われているような、上から引っ張るというより、下からメンバーを支えていくようなリーダーである。そして、アナライザーはデータに基づき、緻密な分析を重ねながら物事を進めていくようなリーダーである。大学の経営トップにどのタイプが多いかのデータはもちろんないが、大規模で歴史も長い大学では、サポーターやアナライザータイプが多く、地方の小規模大学では、コントローラーやプロモータータイプが多いように感じている。

　本調査は、日本私立大学協会の加盟大学に実施したものであり、加盟大学は小規模大学が多くを占めているので、おそらく経営トップは、コントローラータイプかプロモータータイプが多いのではないかと推測している。この点に関連するものとして、「トップが強いリーダーシップを発揮し、組織の一体感を醸成している」という質問と、「ボトムアップよりはトップダウンの傾向が強い」という質問が行われている。この質問に対する回答を見てみると、表9・10のとおりとなっている。

**表9　トップが強いリーダーシップを発揮し、組織の一体感を醸成している**

| 定員充足率 | あてはまる | あてはまらない | 回答校全体 |
|---|---|---|---|
| 100%以上 | 98校（43%） | 20校（49%） | 118校（44%） |
| 80%以上100%未満 | 81校（36%） | 10校（24%） | 91校（34%） |
| 80%未満 | 49校（21%） | 11校（27%） | 60校（22%） |
| 全体 | 228校 | 41校 | 269校 |

表10　ボトムアップよりはトップダウンの傾向が強い

| 定員充足率 | あてはまる | あてはまらない | 回答校全体 |
|---|---|---|---|
| 100%以上 | 79校（42%） | 39校（48%） | 118校（44%） |
| 80%以上100%未満 | 66校（35%） | 24校（30%） | 90校（34%） |
| 80%未満 | 42校（23%） | 18校（22%） | 60校（22%） |
| 全体 | 187校 | 81校 | 268校 |

　それほど大きな差異ではないが、定員を充足している大学の比率は、両方とも「あてはまらない」と答えている大学の方が高くなっている。もちろん推測であるが、適切なリーダーシップを発揮して成果を挙げているのは、自分の思ったとおり物事を進めていくのであるが、そのプロセスでは正確な状況判断に必要な現場の意見等を取り入れているコントローラータイプのトップと、周りを巻き込むプロモータータイプのトップではないだろうか。後に触れる当事者意識とも関連するが、大学の教職員、特に教員の場合、組織への帰属意識はそれほど強固なものではないため、トップからの指示が一方的で、押し付け感の強いものであると反発を招きやすい。多少なりとも関わったという意識が持てないと、協力しようという態勢にはならないのである。

## ●声を聴くリーダーシップ

　「教職員が自由に意見や提案ができる風土で、それを取り入れた運営をしている」という問いに対する回答と、定員充足率の関係を見てみると、表11のとおりである。「十分そうしている」と答えている大学の定員充足状況は、「あてはまらない」と答えている大学に比べると、相当程度に良好な結果となっている。

　教職員が自由に意見や提案ができる状況というのは、後述の現場の声を生かすマネジメントにも通じるが、現場の情報を基に、正確に状況を判断しようとするリーダーシップの表れともいえる。大学は考える能力の高い職場であるので、その力をうまく引き出し、活用していくリー

ダーシップが成果に結びつきやすいといえよう。

表11　教職員が自由に意見や提案ができる風土で、それを取り入れた運営をしている

| 定員充足率 | 十分そうしている | あてはまらない | 回答校全体 |
|---|---|---|---|
| 100%以上 | 22校（58%） | 19校（36%） | 118校（44%） |
| 80%以上100%未満 | 12校（32%） | 16校（31%） | 91校（34%） |
| 80%未満 | 4校（10%） | 17校（33%） | 59校（22%） |
| 全体 | 38校 | 52校 | 268校 |

## ●リーダーシップ理論の変遷

　リーダーシップに関しては、これまで多くの研究が行われ、さまざまな理論も生み出されてきたが、ここで言われているリーダーシップとは、私の考える純粋なリーダーシップだけでなく、マネジメントの要素も含めたリーダーシップというものである。

　現代経営学の父といわれているP.F. ドラッカーは、「リーダーシップは資質ではなく仕事である」と言っているが、最初のリーダーシップ理論である特性理論では、「リーダーシップとは先天的な特性である」と説かれている。確かに、子供のころからリーダーシップを感じさせる人もいるが、人間の適性がすべて先天的なものに限定されるとすることには無理があると思われる。

　そして次に出てきたものが、行動理論といわれるものである。優れたリーダーが取っている行動から、リーダーに必要な要素を導き出そうという考え方である。行動理論においては、どのような行動がリーダーとして効果的かということが射程範囲となるため、リーダーのタイプについての考察も必要となった。アメリカの社会心理学者、クルト・レヴィンが、リーダーを「民主型リーダー」、「専制的リーダー」、「自由放任型リーダー」の三つに分けて行った実験では、民主型リーダーが最も成果に結びつきやすいという結果となった。

　行動理論から発展したものが、我が国の社会心理学者、三隅二不二が

提唱したPM理論と言われるものである。この理論では、「課題達成機能(Performance)」と「人間関係・集団維持機能(Maintenance)」の2軸を設定し、それによってリーダーを四つのタイプに分類し、成果との関係を考察している。その結果は、課題達成機能、人間関係・集団維持機能の双方とも高いリーダーが高い成果を挙げているというものである。ただし、それらをどのようにして身に付けさせればいいのかという、行動理論が目的とした手法についての明確な答えは見つからず、また、効果的なリーダーのタイプは、どのような状況下でも不変なのかという課題も残った。

後者の課題に対応した理論が、条件適合理論である。平時のリーダー、有事のリーダーと言われるように、状況により効果的なリーダーのタイプは異なるという考え方である。斬新な策を立案し、それを果敢に実行していくリーダーは有事には効果的なことが多いが、平時には組織の軋轢を生むなど、組織の和に支障をきたすことも少なくない。平時には、むしろ何もしない優しいリーダーが、組織の円滑な運営には有効ということもある。また、組織のメンバーの状況にも左右されることになる。経験の浅いメンバーに対してであれば、指示・命令といったリーダーシップのスタイルが有効であるが、経験や知識が豊富なメンバーであるならば、その参加を促すリーダーシップが効果を挙げやすいと思われる。

この条件適合理論を継承し、状況やメンバーといった要素だけでなく、具体的なビジネスシーンに応じた、より臨機応変に、より柔軟にリーダーシップを考えるものがコンセプト理論である。この理論では、次の五つの代表的なリーダーシップのスタイルを取り上げている。

1. カリスマ型リーダーシップ
2. 変革型リーダーシップ
3. EQ型リーダーシップ
4. ファシリテーション型リーダーシップ
5. サーバント型リーダーシップ

カリスマ型リーダーシップは、天才型のひらめきを持つリーダーのスタイルで、アップル社設立者の一人であるスティーブ・ジョブズなどが想起される。変革型リーダーシップは、過去のやり方にとらわれず、新しい施策を打ち出して改革を推進していくリーダーのスタイルで、経営の危機に瀕している組織に求められるリーダーのスタイルである。日産自動車の、Ｖ字回復の際のリーダーシップなどが想起される。

　EQ型リーダーシップは、人間関係を重視するもので、メンバーの満足度や意欲の向上に配慮しつつ物事を進めていくリーダーのスタイルである。ヤマト運輸の「満足バンク」や、さまざまな企業で取り入れている「サンクスボード」など、同僚等の行動に感謝し、承認する仕組みをつくるといったことは、このリーダーシップに属するものといえよう。

　ファシリテーション型リーダーシップは、メンバーの自主性を尊重し、それぞれの意見や知恵を引き出しながら進めていくリーダーのスタイルである。メンバーの意欲を引き出しやすいリーダーシップではあるが、各人から出されたさまざまな意見を適切にリードし、まとめていくことができないとスピード感に欠ける組織となってしまうおそれがある。

　最後のサーバント型リーダーシップは、メンバーを上から引っ張るというのではなく、下から押し上げていくというイメージのリーダーのスタイルである。このスタイルが目指すものは、メンバーの成長ということである。メンバーが主役というポジションになるので、従業員満足度の向上につながりやすいといえる。ホワイト企業として取り上げた、未来工業やネッツトヨタ南国などでは、このリーダーシップが機能しているように思われる。

## ●大学に適したリーダーシップは

　では、大学という組織においては、どのようなリーダーシップが機能しやすいのかを、リーダーシップの最新の理論であるコンセプト理論をもとに考えてみたい。もちろん、それぞれの大学の置かれた状況も、組

織の現状も異なっているのであるが、共通にいえることは、変化が求められているということである。経営状態の芳しくない大学は特にそうであるが、健全な経営状況の大学であっても、これまでのような教育システムは見直しを迫られることになるし、ICTの飛躍的な進歩はそれを促進することになろう。

　このような状況であるので、カリスマ型リーダーシップは望まれるものではあるが、天才型であるだけに人を得るのが難しいといえる。文字どおり変革を推進できる変革型リーダーシップは、現状の大学においては効果的であると思う。ただし、どうしても目標達成に主眼が置かれ、一糸乱れぬ行動が求められることになるので、命令系統の弱い大学組織においては機能しにくいおそれもある。したがって、EQ型リーダーシップやファシリテーション型リーダーシップ、サーバント型リーダーシップのように、メンバーの人間関係も重視して意欲を引き出していくという機能も必要になってくる。

　学長などのトップリーダーが、両方の要素を持ったリーダーシップを発揮できるならばいいが、一人の人間が両方の要素を適切なバランスで機能させていくということは、実際には難しいことである。そうであるならば、リーダー層というグループの中で、バランスをとっていくというやり方が、最も現実的なものではないだろうか。理事長や学長といったトップリーダーが変革的であるならば、それを補佐する副学長や学部長といったポストに、EQ型やファシリテーション型、サーバント型のリーダーシップを持った人材をバランスよく配置していくのである。

　同じタイプの方が話は合いやすいので、リーダー層が同じタイプで占められているケースも少なくないように感じているが、多様なタイプの教職員を効果的に動かしていくためには、多様なタイプのリーダーシップが必要になると思う。

# 8　意欲を高めるマネジメント

## ●働きを認める ―――――――――――――――――――――――

　成果の出せる組織となるためには、適切なリーダーシップの存在に加えて、リーダーの示した方向に向かって、教職員の意欲を高め、行動を引き出しつつ組織を動かしていく、適切なマネジメントの存在が必要となる。どのようなマネジメントが大学というところでは有効なのかについて、引き続き 2017 年に私学高等教育研究所が行った私立大学のマネジメント等に関する調査を参考に考えていきたいと思う。

　成果を出すという点でいえば、達成すべき目標に対して、教職員が強い意欲を持って取り組むかどうかということが最も重要な要素となる。強い意欲があれば、積極的な行動も生じることになるし、困難な事態が生じても何とか解決の道を見つけようとすることになり、成果につながりやすいからである。

　教職員の意欲を高めるために必要なことはいろいろ考えられるが、その働きを認めること、尊重すること、そしてそれとも関係するが、ある程度、任せるということが重要な要素となる。人間だれしも認められたいという欲求があるが、日常生活の中では残念ながら、それが満たされる機会があまりないため、自分の働きが認められ、尊重されると、俄然、やる気が出てくるのである。また、今日のように変化の激しい環境になってくると、トップがすべての状況を認識するということは無理になってくるので、現場で働く一人ひとりの教職員の働きを尊重し、そこで得られた認識や知見を活用しなければ、適切な判断はできないことにもなる。

　これに関係する指標の一つとして、学内理事がどの程度いるのかということがある。学長などの職務理事以外で学内理事になるということは、その働きが重視されているということになるし、現場で働く教職員の認識や知見を活用しようという経営姿勢の表れとも解釈できるからである。学内理事の人数と定員充足率の関係を見てみると、表 12 のとお

りとなっている。結果としては、学内理事が多い大学の方が、定員充足
状況は断然、良好なものとなっている。

表12　学内理事の人数と定員充足状況

| 定員充足率 | 4名以内 | 8名以上 | 回答校全体 |
|---|---|---|---|
| 100%以上 | 26校（38%） | 41校（71%） | 120校（44%） |
| 80%以上100%未満 | 25校（36%） | 12校（21%） | 93校（34%） |
| 80%未満 | 18校（26%） | 5校（8%） | 61校（22%） |
| 全体 | 69校 | 58校 | 274校 |

　4名以内の学内理事というケースは、おそらく理事長、学長、校長な
どの職務理事が学内理事のほとんどであり、それ以外の理事は学外理事
ということになると思われる。本調査の回答では、理事数の平均が10
名ないし11名ということなので、そこから推定すると4名以内の学内
理事という場合、3分の1が学内理事、3分の2が学外理事というよう
な構成が考えられることになる。

　学外理事が多い構成であると、さまざまな視点から意見が出てくるの
で、適切な結論が得られる確率が高まるというメリットもあるが、慎重
な審議にならざるを得ないので、結論が出るまでに時間がかかることに
なり、組織の進むスピードはどうしても遅くなりやすい。また、学外理
事は教育現場の状況を正確かつ詳細に知っているわけではないので、現
実と乖離した議論になるおそれも否定できない。そのような結果が、定
員充足状況として表れているのではないだろうか。

　学内理事8名以上の大学の定員充足状況が良好なのは、規模の大きい
大学が多いためなのではないかとも考えられるが、内訳を見てみると、
学内理事が8名以上の大学は58大学あり、規模別でいうと、入学定員
500人未満の大学が43%、500人以上1,000人未満の大学が23%、
1,000人以上2,000人未満の大学が24%、2,000人以上の大学が10%
となっていて、決して規模の多い大学の比率が高いわけではない。

　4名以内の学内理事の際に述べた状況とは反対に、学内理事の比率が

高いと外部の幅広い意見が反映されにくいというデメリットはあるが、決定のスピードは早くなるので、改善や改革が迅速に進みやすくなる。また、教育現場をよく知っている人の比率が高いため、現場の実情に合った決定がされやすくなる。それらのことが、良好な学生募集状況を生んでいるのではないだろうか。

## ●職員理事が果たす機能

　理事会構成に関して、現場重視の表れと捉えられるものとして、もう一つ考えられるのが職員理事の人数である。これまで職員は、どちらかといえば教授会が決めたことがらを忠実に執行するだけという立場にあったが、近年は職員の重要性が見直され、理事に登用されるケースも増えてきている。理事に登用されるということは、当該職員にとっては自分の働きが認められたことを意味するので意欲も高まることになるし、何よりも顧客や市場と最も密接に接している職員が理事会にいるということは、現場の認識と知恵を活用できることになるからである。

　職員理事の人数と定員充足率の関係は表 13 のとおりとなっていて、人数が増えるほど良好な状況となっている。職員理事の数が 4 名以上ということは、理事数の平均が 10 名ないし 11 名ということを考えると、職員理事の比率がかなり高いことになる。4 名以上の大学の規模を見ると 52% が入学定員 500 人未満となっているので、ここでも規模による定員充足という関係はないと考えていいと思う。やはり、現場の人

**表 13　職員理事の人数と定員充足状況**

| 定員充足率 | 0~1 名 | 2~3 名 | 4 名以上 | 回答校全体 |
|---|---|---|---|---|
| 100% 以上 | 47 校 (40%) | 47 校 (44%) | 16 校 (76%) | 110 校 (44%) |
| 80%以上 100% 未満 | 41 校 (34%) | 41 校 (38%) | 4 校 (19%) | 86 校 (35%) |
| 80%未満 | 31 校 (26%) | 20 校 (18%) | 1 校 (5%) | 52 校 (21%) |
| 全体 | 119 校 | 108 校 | 21 校 | 248 校 |

たちが持っている認識と知恵を尊重し、活用することが成果を生んでいると考えられる。

　本調査で、このほかに現場を尊重し、重視しているかどうかを推測できる質問としては、「様々な機会で教職員からの意見を十分に聞き、関与させながら計画を策定している」というものがある。これに対する回答と定員充足率の関係を見たものが、表14である。

表14　様々な機会で教職員からの意見を十分に聞き、関与させながら計画を策定している

| 定員充足率 | 十分にそうしている | そうしている | 少しはそうしている | 回答校全体 |
|---|---|---|---|---|
| 100%以上 | 19校（44%） | 64校（43%） | 23校（41%） | 109校（43%） |
| 80%以上100%未満 | 17校（40%） | 54校（36%） | 17校（30%） | 89校（35%） |
| 80%未満 | 7校（16%） | 31校（21%） | 16校（29%） | 56校（22%） |
| 全体 | 43校 | 149校 | 56校 | 254校 |

　この結果を見ると、教職員の意見を十分に聞いて計画を策定していることと、定員充足率には関連性がない。現場の認識と知恵を生かすということでいえば、学内理事や職員理事の増加と同じ方向性であると思われるが、成果においては大きく異なっている。意見は聞くが、それに従うかどうかは別の話であるので、決定に関与する学内理事の場合と違って成果には直結しにくいものと思われる。

●当事者意識を持たせるためには ━━━━━━━━━━━━

　教職員の意見を十分に聞いて計画を策定していることとも関連する質問で、「教職員の意見や議論は重要だが、最後は理事長・学長や幹部が決断し、実行している」というものがある。

　その回答と定員充足状況との関連を見てみると、「あてはまる」と答えている大学で定員を充足している割合は43%であるのに対し、「あ

てはまらない」と答えている大学の定員を充足している割合は 52％ と
なっている。現場の認識や知恵を十分に活用し、その意欲を引き出して
いくためには、単に意見を聞くだけではなく、ある程度の権限委譲が行
われ、決定や執行の権限を与えられることが必要だと思われる。これは
自分の仕事だという当事者意識を持つためには、最後まで責任をもって
関われるということが、重要な要素となるからである。

　実際、成果の出ている大学の教職員の方たちと話していて感じること
は、自分が大学を何とか良くしていかなければならないという意識、す
なわち当事者意識を持っているということである。大学の改善、改革を
他人ごとではなく、「自分ごと」として捉えているので、行動における
意欲も当然、高いものになり、成果に結びついているものと思われる。

　本調査で、この当事者意識に関係する質問として挙げられるものに、
事務職員の経営参画に関するものがある。その回答と定員充足率の関
係を見たのが表 15 である。事務職員の大学運営への積極的参加を促す
2015 年の学校教育法改正前から、既に事務職員の経営参画に取り組ん
でいる大学と、取り組んでいない大学とを比べると、前者の方が良好な
定員充足状況となっている。

　経営参画の具体的な内容までは本調査では明らかになってはないが、
経営参画という意味からして、単に意見を聞かれる対象ということだけ
でなく、ともに議論に参加し、最終的な決定、そして執行ということに
まで、程度の差はあれ関与しているということと解釈できる。この時点
では、定員充足状況という成果の差はそれほど大きいものではないが、
今後、事務職員の経営参画のレベルが分かれていくとき、さらに成果の
差も広がっていくのではないだろうか。

表15　事務職員の経営参画

| 定員充足率 | 2014年以前に<br>取り組んでいる | 改正後も<br>取り組んでいない | 回答校全体 |
|---|---|---|---|
| 100%以上 | 59校（48%） | 42校（41%） | 117校（44%） |
| 80%以上100%未満 | 45校（37%） | 35校（35%） | 91校（34%） |
| 80%未満 | 19校（15%） | 24校（24%） | 57校（22%） |
| 全体 | 123校 | 101校 | 265校 |

※回答校全体の中には、改正後に取り組んだと回答した大学が含まれている。

　当事者意識を醸成させるための方法に関する質問として、「構成員が主体的に参加する意識を醸成するために、研修会などの特別措置をとっている」というものがある。この質問に対する回答と定員充足状況をまとめたのが表16である。

表16　構成員が主体的に参加する意識を醸成するために、研修会などの特別措置をとっている

| 定員充足率 | 十分とっている | とっていない | 回答校全体 |
|---|---|---|---|
| 100%以上 | 13校（43%） | 17校（52%） | 110校（43%） |
| 80%以上100%未満 | 8校（27%） | 13校（39%） | 89校（35%） |
| 80%未満 | 9校（30%） | 3校（9%） | 56校（22%） |
| 全体 | 30校 | 33校 | 255校 |

　この結果を見ると、むしろ構成員が主体的に参加する意識を醸成するために研修会などの特別措置をとっていない大学の方が、定員充足率は良好な状況となっている。教職員の位置づけや働き方を変えずに、研修会を実施するなどの措置だけで当事者意識を醸成することは、やはり難しいことである。

　なお、研修会などの特別措置をとっていないと答えている大学の52%が入学定員500人未満となっているので、ここでも規模による定員充足という関係はないと考えられるが、とっていない大学は、既に当

事者意識を持つ構成員が多いので、特別措置をとる必要性を感じていないという事情は、多少はあるのかもしれない。

## ●本調査のまとめとして ─────────────

　以上、本調査から考えることのできる有用な組織能力向上策としては、次のようなことが挙げられる。

①　どのような姿を目指して頑張るのかが明確でないと、組織は動き出すことができない。大学の目指すべき姿の明確化と共有のために成文化が不可欠というわけではないが、成文化することにより、その内容が明確となり、共有しやすくなるということはいえるのではないだろうか。また、目指すべき姿を教職員に共有してもらうためには、機会あるごとに伝え続けること、そして具体的な活動と、目指すべき姿との関連性を説明していくことが求められる。

②　組織能力を高めるためには、組織が一体性を持つ必要がある。そしてそのためには、執行部に一体性がなければ始まらない。そのため副学長の選任などは、学長が協働者として相応しい人を選任できる方式が望ましい。ただし学部長の場合は、執行部という要素ももちろんあるが、それよりも学部の教員を代表するという要素の方が強いので、学部の構成員の意向を最も反映できる選挙という選出方法が、組織の一体性をより保ちうると思われる。また、一体性のある組織の動きをつくりだすために、中長期計画を教職員の個人目標と連結させることは有用であるが、そこには、やるべきことが明確となるような連結の仕方が求められる。

③　リーダーシップのスタイルはさまざまであるが、大学という組織は、考える能力の高い組織であり、かつ、命令系統が十分に働きにくい組織であるので、教職員の持っている力をうまく引き出し、活用していく形のリーダーシップが成果に結びつきやすいといえよう。

④　大学を取り巻く環境が厳しい方向に激しく変化していく環境下で
は、トップがすべてにおいて適切な判断をすることは極めて難しく
なっている。そのため、それを補うものとして、現場の認識と知恵
を活用する必要がある。その意味で、理事会の構成員の中での学内
理事の比率を高めることが望ましい。学内理事の比率が高いと、外
部の幅広い意見が反映されにくいというデメリットはあるが、現場
の認識に基づく適切な判断が迅速にできやすくなるので、改善や改
革が迅速に進みやすくなる。そして、現場の認識や知恵を十分に活
用するためには、単に意見を聞くというだけではなく、最終決定や
執行の権限を与えることが必要といえるのではないだろうか。単に
意見を聞かれるだけでは、改善や改革をまだ「自分ごと」として捉
えるには至らないように思われる。

　組織が成果を挙げるためには、最終的には行動することが必要とな
る。しかし、やみくもに行動しても、労多くして実りの少ない結果と
なってしまう。自学を取り巻く環境をきちんと認識し、それに基づいて
目指すべき姿を明らかにし、その実現に向けて行動していくことのでき
る仕組みと風土づくりが大切である。

# 9　仕組みをつくる KPI マネジメント

## ●VUCA の時代に必要なことは

　人工知能や情報通信技術の進化により、大学の在り方、教育の手法と
いったことに関して大きな変化も予想される状況であるが、他の分野で
は既に「VUCA の時代」といわれるように、短期的な将来も読みにく
い時代になっているといわれている。VUCA とは、Volatility（変動性）、
Uncertainty（不確実性）、Complexity（複雑性）、Ambiguity（曖昧性）
の頭文字をとったもので、もともとは冷戦後の複雑な国家関係を示す言

葉だったのが、2010年頃からは現代のビジネスを取り巻く状況を示す言葉としても使われるようになったものである。

　しかし、読みにくさの難易度は異なっていても、明日の天気予報が外れることが少なくないことからも分かるとおり、元来、将来は正確には予測できないものである。どのようなことをしたら今より状況がよくなるのか、正確には誰にも分からないので、いろいろな考え方が出てくることになり、その結果、統一された改善活動は生じにくいことになる。

　私が以前所属していた大学が定員割れとなり、そこからの回復を図ろうとしていた時でも、広報活動の充実とそれに基づく教育内容の改善が最も重要だと考える者、就職実績を良くすることが急務だと主張する者、これからの大学では地域貢献が最も求められると説く者など、さまざまな方向の改善策が出され、それぞれの策がそれぞれによって実施されていた。もちろん、それぞれの施策はそれなりに意味のあることであるから、実施されることによって何らかの改善を組織にもたらすことにはなる。ただし、どうしても散発的な活動になってしまうので、体系的に施策を展開することと比べると、成果は少ないものになってしまう。

　限られたマンパワーを散発的な施策に分散させるのでなく、組織を良い状態にしていくために最も重要なことに集中させることができれば、迅速な改善が可能になるのである。そのためには、まず組織の達成すべき目標を明らかにする必要がある。なぜならば、目指すべきゴールが決まらないことには、何を目指して計画するのかが決まらないからである。

　そしてゴールが決まったならば、次にそのゴールに到達するためには、どのような状態になっていればいいのかを考えるのである。例えば、縮小していく市場においては、常に新しい製品を供給して新しい需要を開拓する必要があるので、新製品で売り上げを伸ばすというゴールを設定するならば、売り上げの中の一定以上の割合を新製品が占めているという状態が、あるべき状態ということになる。このような状態を描けたらば、次には、そのような状態になるにはどのようなアクションが必要

かということを考え、計画を策定していくのである。そうすることで、目標達成につながる活動が明らかとなり、組織のマンパワーを効率的に集中投下できる計画とすることができるのである。

## ●仕組みをつくる

　適切な計画が策定されても、それが実行されなければ、絵に描いた餅となってしまう。組織の構成員が思ったとおりに動いてくれないときに、よく取られる手段が意識を変えるというものである。ビジョンを示し、それを朝礼などで唱和することで共有を図ったり、時には危機感をあおったりなどして、何としてでもやらなければならないという意識を持つように仕向けるのである。このような方法も、もちろん大切なことではあるが、目の前に処理しなければならない業務が山積しているというような状態であるならば、どうしてもそちらを優先することになってしまうのである。

　そのような状況を改善するのに有効なのが、仕組みをつくるということである。アメリカの 3M という会社には 15% ルールというものがあり、勤務時間の 15% を担当業務以外の自由な研究やアイディアの創出に使うことを推奨するものである。これは、組織が大きくなり、いわゆる大企業病といわれる保守性が強くなったことを危惧した当時の経営者が、主体性を強化するために考え出した仕組みである。この 15% ルールで与えられた時間の中から、文具業界で大ヒットとなったポストイットも生み出されている。また最近では、新型コロナウイルスの感染拡大により需要の高まってきたフェイスシールドについても、同社はわずか 3 週間で 1 万枚を製作し、厚生労働省に寄付をしているが、それを可能にしたのも、この 15% ルールによる他部門との連携であったという。

　グーグル社でも同じように、20% タイムといわれる自由に使える時間帯が勤務時間の中に設けられていて、その時間の中から世界で最も使われているメールサービスである Gmail も誕生している。自由な発想をすることが大切だと説いて自由な発想を促すよりも、自由な発想ので

きる時間帯を勤務時間の中に設定するというように、仕組みをつくることで行動を変える方が効果的であることを示す例だといえる。

　ある大学では、職員に対して戦略的な職員になることを目標として提示した。しかし、それだけでは当然のことながら職員の意識を変えることはできず、職員の働き方は全く変わることがなかった。本当に変えたいならば、例えばプロジェクトチームをつくって、その活動のために勤務時間の 10 ないし 20％を使っていいというような仕組みをつくり、自由に戦略について勉強する時間を確保するべきであったと思う。

## ●KPI マネジメント

　適切な戦略を策定し、それを着実に、しかもマンパワーを効率的に活用できる形で実行していくために有用な手法の一つに KPI マネジメントと言われるものがある。私の感覚としてではあるが、この KPI マネジメントは、これからの大学経営にとって極めて有用なものではないかと感じている。

　KPI とは、Key Performance Indicator の頭文字をとったもので、「重要業績評価指標」と言われるものである。定義としては、組織目標を達成するための重要な業績評価の指標を意味し、達成状況を定点観測することで、目標達成に向けた進捗状況を把握できるようにするための指標である。組織には、すべて達成すべき目標というものがある。営利組織であれば利益を生み出すといったことがそれにあたるであろうし、大学であれば、収入の大半を占める学納金のもととなる、入学者を獲得するということが、それにあたることが多いと思われる。

　このような組織目標、大学であれば入学者を増やすという目標を達成するためには、どのような状態になっていることが求められるかを考え、その状態を数値化したものが KPI といわれるものである。すなわち、KPI とは組織目標の達成に向けて、効率的、効果的に行動できるようにするためにマンパワーを集中すべき点を明確にし、その進捗状況を測るための指標である。

KPIは、組織のパワーを集中すべきところを明らかにするものであるから、数としては比較的少なく設定される必要がある。KPIが何十も設定されているという話を聞くこともあるが、それはKPIというよりは単なる成果指標で（もちろん成果指標を設定することは大切なことであるが）、KPIは重要な業績指標なので、理想としては一つに絞られることが、組織のパワーを集中させるためには望ましいといえる。

　大学でも、社会からの要望等も加わり、年々、なすべきことが増えてきているように感じている。そのような環境下にあって、本当になすべきことに集中できるようにするためにも、KPIマネジメントの活用が有用と考えている。

## ●KPIの導入事例

　KPIは、組織目標の達成に向けて、業務プロセスが効果的に実行されているかどうかを計測し、評価する指標であるが、KPIをマネジメントするということは、人や組織を目標達成に向けて動かす仕組みをつくるということなので、組織の戦略そのものであるということができる。組織を目標達成に向けて、効果的かつ効率的に動かしていくというマネジメントの手法であるので、特に、動きにくい組織の代表のように言われている大学を動かしていくためには、大変有用な手法になるのではないかと考えている。

　KPIが注目された理由の一つに、我が国の政策運営にこの指標が取り入れられたことがある。安倍政権は、2013年6月に「日本再興戦略」を閣議決定し、具体的な成果目標に基づく政策運営に取り組むことを明らかにしたが、その成果目標として使われたものが、このKPIだったのである。どのように使われているかといえば、例えば農業分野では、2019年までに農林水産物・食品の輸出額1兆円を達成するとか、2020年までに6次産業化（農業者による農産物加工・直売やレストラン事業等への多角化）の市場規模を10兆円とするといったように具体的な数値目標を設定し、その進捗状況を計測し、評価するというものであ

る。

　KPIという考え方が日本に紹介されたのは1992年というから、その後20年も経過していないため、この指標を採用している組織もそれほど多くはないと思われるが、具体的なイメージを持ってもらうために、いくつかの導入事例を紹介したいと思う。

　最初に紹介するのは、消費者である我々にとっても馴染みのあるサイゼリヤである。サイゼリヤは、低価格のイタリアンレストランをチェーン展開している企業である。創業者は理系の大学出身なので、開業当時のお客が来ないという状況を改善するため、どこまで価格を下げれば来てくれるのかという実験を行って、改善策を検討したという。その実験の結果はというと，3割、4割引きでは全く変化が見られずであったが、7割引きにしたとたんに行列ができたという。

　サイゼリヤの創業者である正垣泰彦会長はこう言っている。「価格を7割まで下げると核分裂が始まることが分かった。みんなに価格を7割引きにしたら客が来ると言うが誰もできない。下げ方が一つある。下げるには、自分達の無駄をなくす。働き方の無駄をなくすことで値段が下げられる。これが一番正しい方法」と。このような経営方針の同社が採用しているKPIは、「人時生産性」というものである。これは、一日の粗利益額を従業員一日の総労働時間で割ったものである。これはまさに、創業者の言う「働き方の無駄をなくす」ということを、どの程度実現できているかを測る指標といえよう。外食産業の平均が3,000円程度といわれる中、同社は4,000円と平均を大きく上回っているが、目標の6,000円に向けて、掃除時間の短縮や店内での調理をできるだけ少なくするなど、働き方の無駄削減の努力を今も続けているのである。

## ●組織を一体化する機能も

　リーマンショックが契機となり、我が国を代表する企業の一つであった日本航空が経営破綻となった。その再生を目指すために、さまざまな方策がとられたが、その一つが顧客満足度を向上させるためのKPI設

定であった。顧客満足度を上げるためには、利用しやすい料金設定や機内サービスの充実など、いろいろな選択肢があるが、利用する顧客にとって不可欠であり、かつ基本的な品質は、決められた時刻に到着するということであると判断し、定時到着率を KPI としたのである。

　我が国においては、電車などの交通機関は定時に出発し、定時に到着することが当たり前であるという感覚があるので、それを前提に予定を組むことが日常的に行われている。したがって、例外的な状況を除けば定時に到着するということは、利用者、特にビジネスで利用する客にとっては不可欠の最低の条件であるため、ここが守られないと、いかに他のサービスが充実していたとしても、満足度は低いものとなってしまうのである。

　定時到着率が KPI として設定されると、その率を高めるために各部門が取り組みを始めた。定時に到着するためには、出発が遅れないということが必須のこととなる。そのために、搭乗に関わるスタッフは分かりやすいアナウンスや表示といったことを工夫し、搭乗のプロセスができるだけ円滑に行われるように努力をしていった。機内の清掃をするスタッフも、なるべく短い時間で作業が終了するように工夫を重ねていった。このような取り組みによって定時到着率は向上していったのであるが、各部門独自の取り組みだけでは限界を感じるようになった。

　そこで考えられたのが、各部門の連携ということであった。機内の掃除に関しては、担当スタッフだけでなく、キャビンアテンダントも手伝うことで、より迅速に終了できるようになった。また、航空路における天候状態についても JAL 便同士で共有することで、より正確な情報を得られるようになり、適切な飛行計画も立てやすくなった。このような連携の結果、定時定着率はさらに向上し、2012 年にはついに世界一となっているのである。

　このように、定時到着率という、顧客満足度を高め、ひいては業績向上につながることのできる適切な KPI を設定することで、各人の目指すべきもの、行うべきことが明確になるとともに、部門間の連携の必要

性、有用性についても認識できるようになることで、組織の一体性も生まれ、それが目標達成を促進させるという、好循環となっている。

## ●適切な KPI を設定するためには

KPI をマネジメントするということは、人や組織を目標達成に向けて動かす仕組みをつくり、それを機能させることであると述べたが、そうであれば、設定される KPI が適切であるということが不可欠なこととなる。KPI が設定され、その向上、実現のために一生懸命努力したとしても、それが不適切なものであるならば目標達成の役には立たないことになり、無駄な労力になってしまうからである。

適切な KPI を設定するためには、組織目標を実現させるために最もポイントとなるものを見つけることが必要となる。前述のサイゼリヤの例でいえば、スタッフが非常に効率的に働けている状態をつくりだすということであるし、日本航空の例でいえば、ほとんどの飛行機が定時に到着しているという状況をつくりだすことである。そしてその状態を数値化したものが、KPI ということになるのである。

組織目標の実現のために最も重要となるポイントを見つけ出すためには、顧客を想定することと、その利用シーンを想定すること、そしてその中での顧客のニーズを把握することが必要となる。サイゼリヤでいえば、想定している顧客は高校生や大学生、比較的年齢の若いビジネスパーソン、ヤングファミリーといった人達が中心ではないかと推測できる。そして利用シーンとしては、塾や学校帰り、仕事帰りの友達同士での食事、家族であれば週末の外食といったものが想像できる。

そのような中での顧客ニーズは、気軽に便利に利用できるということではないだろうか。そのためにはメニューの豊富さ、カジュアルな雰囲気、そして何よりも想定顧客が利用しやすい、低価格であるということが重要な要素となるのである。

そして、この重要な要素である低価格を実現させるために必要な状態、すなわちスタッフが非常に効率的に働いている状態ということが、

どの程度に実現できているかを測る指標が「人時生産性」（スタッフの1時間当たりの生産性）であり、サイゼリヤではそれをKPIとして設定したのである。そうなるとサイゼリヤの全社員は、この「人時生産性」を高めるために一丸となって協力し合うようになり、顧客のニーズである低価格での提供が可能となるのである。

　このように適切なKPIが設定できると、組織のマンパワーをそこに集中することができるので、効率的でもあるし、組織内の連携・協働を生み、組織を一体化させるという効果も生じることになる。KPIとして、いろいろな数値を設定しているという例を聞くこともあるが、それはさまざまな目標の達成度を可視化するという機能は持っても、組織目標達成のために最も力を注ぐべきことを決定するという、KPI本来の機能を果たすことはできない。KPIは、最も重要な業績指標だからである。

　また、適切なKPI設定となるためには、組織目標の達成に至るまでのストーリーが、無理なく流れていくということが大切な要素となる。ここに無理や飛躍があると、たとえKPIを高めるためにいろいろな活動を行ったとしても、組織目標達成というゴールにたどり着く確率が低くなってしまうのである。

## ●ストーリーを描く

　サイゼリヤの例でいえば、会社としての目標は各店の売り上げが増えるということであり、そのためには想定顧客のニーズに応える低価格で食事等を提供するということが必要となる。そして低価格での提供を可能にするためには、スタッフが非常に効率的に働いているという状態をつくりだすことが求められる。このような状況に至ることのできるストーリーが、無理なく途切れることなく流れていけているかどうかが、KPIマネジメントの成否を分けることになる。

　スタッフが非常に効率的に働いているという状態をつくりだすためには、コストや時間を最小限に抑えなければならない。そのため同社では、自社農場をつくり調達コストを下げている。また、店内での「切る」

という作業をすべてなくし、加熱する、並べるといったシンプルな作業だけを行うようにすることで、調理時間も短縮することができるし、必要な人員も減らすことができるようになる。シンプルな作業なので、経験の浅いスタッフも一人前の労働力を提供することができ、それに伴って教育コストも下がることになる。

このような状況になってくると、各店の利益率は増加してくることになる。その利益をより良質な食材を得るために活用するほか、従業員にも給与として還元できるようになる。ちなみに同社の給与水準は、業界の中でも最高レベルとなっている。そうなると従業員のモチベーションも高くなり、さらに仕事のパフォーマンスが向上するという好循環が生まれるようになる。また、食材に投資されることでより料理の品質が上がり、リピート客が増えるようにもなる。

このように書くと、コストや時間を削るためにスタッフは汲々となり、神経をすり減らして働いているような状況をイメージしてしまうかもしれないが、実際は調理等のプロセスが合理的、効率的につくられているため、誰もイライラすることなく、楽しく働いているという。ミシュランの星付きレストランのオーナーシェフが、サイゼリヤでアルバイトしたことを書いた本（『なぜ星付きシェフの僕がサイゼリヤでバイトするのか？』）が最近、出版されたが、「慣れない仕事でもたもたしていても、誰も怒鳴るわけでなく、むしろ皆が手伝ってくれる。働きやすい職場とはこういうものなんだ、感動のあまり涙ぐんでしまったぐらいです」と書いていて、同社は「飲食業界の理想郷です」とまで言っている。

このように、サイゼリヤのKPIマネジメントのストーリーは、組織目標に至るまで無理なく流れているので、目指すべき目標達成も着実に実現している。2016年8月決算までは24期連続増収となっていて、今回の新型コロナウイルスによる落ち込みは当然あるが、回復も早く、2021年度決算では黒字に転換となっている。

## ●大学でのストーリー

　私がかつて所属していた大学は、開学2年目から定員割れとなり、存続が危ぶまれるような状況に陥った。その理由は、競合が増えたということと、評価が低かったということである。そのような状況の時に設定すべき目標は、自学の評価を上げるということになる。評価を上げるためには、就職などで優れた実績を挙げることが必要であり、そのためには学ぶ意欲と基礎学力を備えた学生の存在が不可欠となる。

　大学は教育機関であるから、入学してきたさまざまな学生を教育し、成長させ、優れた実績を挙げていくという手段をとるべきではあるが、短期的に成果を挙げるような状態にまで成長させていくということは、きわめて困難なことであると思われた。そうなると考えられる手段は、学ぶ意欲と基礎学力を備えた高校生に入学してもらうということになる。しかしこれも難しいことで、定員割れしているような大学に、そのような高校生は通常、入学しようとは思わないからである。

　このような状況の中で、ゴールである自学の評価を上げるということにたどり着けるストーリーとはどのようなものなのか、そもそもそのようなストーリーが描けるものなのかということについて考え続けた。適切なKPIを設定するために最も大切なことは、顧客を想定することと、そのインサイトを探ることである。この場合、想定顧客は学ぶ意欲と基礎学力を備えた高校生ということになる。

　学ぶ意欲と基礎学力を備えた高校生は、通常、偏差値の高い大学に進学していくことになるのであるが、そうならない高校生はいるのかということを考えたときに、経済的な理由により、大学進学を断念している高校生の存在に思い至ったのである。そして、その断念している事情に対応できる制度があれば、自学進学を選択してくれるのではないかと思ったのである。

　そのために考えた出したものが、「資格特待生」という制度であった。これは大学指定の資格（この時は実用英検2級など）を取得していれば、授業料を全額免除するというもので、毎年、審査はあるが、更新基準を

クリアしていれば４年間免除が継続するというものであった。この制度を利用してくれる高校生が増えたならば、在学中、そして就職時に優れた実績を挙げてくれることが期待できる。毎年の更新をクリアしようとして、一生懸命に勉強してくれれば、学内の雰囲気も学び志向となる。

この時に設定したKPIは、入学してくる資格特待生の人数であった。

## ●適切なKPIだったのか

この資格特待生の特徴は、指定資格（実用英検２級など）を取得している人は、全員が授業料免除となれるということなので、受験前、入学前に自分が特待生となれるかどうかが確実に分かるということであった。そのため、従来の受験して入試の成績が良ければ特待生になれる、入学して選考が通れば奨学金がもらえるといった制度と違って、特待生になれることを前提に大学進学を考えることができるので、経済的に厳しい家庭でも、大学進学を選択できるようになったのである。

しかし、いくら授業料を全額免除しても、開学早々に定員割れしているような大学を選択する人は少ないのではないかという不安もあった。人気のない店が、いくら値を下げてもお客が来ないといった状況を危惧したのである。そのため、この特待生制度新設と合わせて、コース制を開設して学ぶ内容を明確にしたり、実力のつく大学である旨のキャッチコピーをつくったりして、大学自体も新しく生まれ変わろうとしているというイメージも発信したのである。このことで、何とかストーリーを流れるものにしようとしたのである。

授業料を全額免除、しかも更新基準をクリアすれば４年間免除が継続するという、これまでにないインパクトのある特待生制度であったので、すぐに知れ渡ると思っていたが、なかなか認知されないという状況が続いた。この時は、情報を相手に伝えることの難しさを本当に痛感した。それでも、さまざまな手段を通じて伝え続けた結果、２年ほどで効果が表れ始めたのである。

KPIとして設定した資格特待生の人数は年々増加し、ついに入学定

員の6割が資格特待生という比率にまでなってしまったのである。これでは収支の均衡が保てないことになってしまうのではないかとの声も出た。しかし実際は、資格を取得していると自動的に特待生となるため、特待生である必要のない経済状況にある学生は翌年への更新に関心が薄く、更新基準を満たさずに通常の学費を払う学生に変わっていったのである。また、この特待生制度により受験者も増え、入学定員を上回る入学者を得られていたので、収支の均衡は十分に保てる状況であった。

## ●KPIの成果は

では、資格特待生が増えたことによって、どのような変化や成果が生じたのであろうか。学生の半数以上が学ぶ意欲も基礎学力も高い資格特待生というような状況になると、当然のことであるが、授業の雰囲気、学内の雰囲気が学び志向に変化していった。特待生資格の年ごとの更新は学業成績を基準としているため、特に定期試験前になると、図書館だけでなく、学内のあちこちで真剣に勉強している学生の姿が見られ、来客が、その姿に驚くこともしばしばであった。

成果も徐々に表れてきた。全国規模のスピーチコンテストで、在学生が著名な大学の学生に交じって入賞したり、就職面でも上場企業の内定者が増えたりといった実績が挙がるようになった。ただし、就職先は多様であり、就職先企業等の評価といったものも一般の人にはなかなか分かりにくいので、就職実績で他の大学と差別化を図るということは、難しいことであった。

そこで、その大学が語学、国際系の大学であったことと、実用英検2級を持っている資格特待生が多く在学しているということ、そして女子学生の人気度が大変高く、他大学との差別化が図りやすいということから、出口戦略においては航空業界への就職者を出すという目標を設定したのである。航空業界を研究するプログラムを開設するなどして学生の業界に関しての認知度を上げ、一方、就職相談に対応する職員もキャリアカウンセラーの資格を取得するなどして相談スキルを高める努力をし

た結果、航空業界への内定を得ることができたのである。

　県内では、国公立も含め、航空業界への就職実績というのは非常に少なかったため、私立大学で内定者が出たということは、それなりにインパクトのあることであった。たとえ少数であっても、就職実績があるのとないのとでは、受験生にとっての魅力度に大きな違いが出てくることになる。そして航空業界だけでなく、全体の就職実績でも上場企業の比率がかなり高まり、他大学との差別化を図ることのできる状況となっていった。

　このような成果が出たことで、受験市場での評価も高くなり、それに伴って受験生も増え、偏差値も年々上昇を示すようになったのである。その結果、目指していた地元国公立大学の人文・社会科学分野での併願校というポジションを獲得することができたのである。

　またこのストーリーには、想定していなかった流れも加わった。それは、地元の受験者だけでなく、地元に私立大学の少ないエリア、すなわち学びたい分野が揃ってないエリアの受験生が、どうせ自宅外通学になるのならば、自分の持っている資格を活かして特待生になれるこの大学に入ろうということで、入学してくれるようになったことである。このことによって、いろいろな地域からの学生が増え、学内の多様性が高まり、学生たち相互が刺激しあい、高めあうといった風土が生まれ、それが好循環となっていたように思う。

## ●大学でのKPIマネジメント

　最近の大学では、社会からの要望等を反映した文教政策により、年々、なすべきことが増えてきているように感じている。そのような環境下にあって、その大学が目指している姿の実現、組織目標の達成に本当に必要なことは何かを明らかにし、そのことに集中できるようにするための仕組みであるKPIマネジメントを導入することは、大変有用なことではないかと考えている。

　大学の業務と企業の業務を比べてみた場合、どこに違いがあるのだろ

うか。最も違う点は、大学の業務の場合、その遂行状況の計測、内容の評価といったことを、明確に行うことが難しいということではないだろうか。もちろん企業でも計測、評価しにくい業務といったものも存在するであろうが、大学の場合、個人単位で計測、評価できる業務は研究以外、皆無といえる。

数字として表れるものとしては、受験者数、入学者数、就職率といったものがあるが、入学者が増えた場合であっても、それは大学の教育や支援といった諸活動の影響による面が大きいので、募集担当部門の活動の評価には直結しない。就職率の場合も同様である。最も重要なことである教育の成果についても、短期間で計測することは難しいし、まして、それが誰の、どの活動によってもたらされたかを明らかにすることは、ほぼ不可能といえる。

そのような状況であるため、自分が行っているいろいろな業務が、どのような成果に結びついているのかが明確に分からず、その結果、どの業務により力を注ぐべきかも分からないため、万遍なく行うか、自分の判断で注力する業務を選択することになる。その選択が適切であればいいが、そうでなければ労多くして功少なしとなってしまうのである。

## ●大学での適切な KPI は

教職員のさまざまな活動と、大学としての成果との結びつきが明瞭でない大学において、KPI マネジメントを導入することは大変有用ではないかと考えているが、具体的にどのような KPI を設定したらよいのかは明確ではない。例えば、自分の勤務校で設定するとしたら、どのような KPI が適切なのかを考えてみた。

まず考えなければならないのは、どのような状態になっていたらいいかという目指すべき姿である。大学が継続していくためには、必要な学生をきちんと確保できるかどうかが最終的には問題となる。そして学生確保が順調であるためには、入学希望者が多いこと、すなわちその大学が人気のある大学であるということが必要となる。では、どのような大

学ならば人気が出るかといえば、原因はさまざまであろうが、学生が満足して卒業していっているという状態であるということではないだろうか。卒業するときのアンケートで、「あなたはこの大学への入学を後輩から相談されたら入学を勧めますか」という質問に対して、勧めますと答えた人の割合である正味推奨者比率（NPS：Net-Promoter-Score）が相当程度に高いという状態である。

　このような状態となるためには、顧客としての学生のニーズや不安といったインサイトを把握し、それに対してきちんと対応していくことが必要となる。このため、学生の状況をきちんと把握できる仕組みをつくることは大切なこととなるが、ここでは便宜的に、どのようなニーズ等があるのかを仮説として考えることとする。

　最初に考えられることは、卒業後の進路が希望にかなったものであるということである。「終わり良ければ総て良し」ではないが、学生生活がいかに楽しいものであったとしても、就職が決まらなかったり、決まったとしても不本意な就職先であったりしたならば、最終的な満足度は低いものになってしまうだろう。したがって、この卒業後の進路を満足のいくものにするということは、きわめて重要な要素といえよう。

　次の要因として考えられることは、学生の立場に立った指導や支援が受けられたかということである。指導という面でいえば、授業が分かりやすく、学生の理解を促進するものであるということである。支援という面でいえば、学生生活や進路に関する相談に対して、きちんと対応してくれたかどうかということになる。

　また、比重は少し下がると思われるが、大学の施設や設備が機能的であり、かつ快適であるかということも満足度に影響を与えるものと思われる。そのような例は少ないと思うが、教室等の冷暖房の効きが弱かったり、清掃が行き届いていなかったりというようなことがあれば、満足度を下げる要因となってしまうだろう。

## ●大学が設定している指標は

　このような学生の満足度に影響を与える要素に関連したものは、既に各大学において指標として設定されている例が多いと思われる。卒業後の進路に関しては就職率という指標があるし、中には離職率も指標としている例もあると思われる。ただし、就職に関しての満足度については、全体的な調査は行われているが、それぞれの大学で調査を実施している例はそう多くはないのではないかと思う。

　授業に関しては、学生による授業評価が20年以上前から行われていて、その有用性に関してはさまざまな見方があるようであるが、少なくとも学生が理解できるかどうかを教員に意識させるという効果はあったように思う。また、学生生活に対しての支援や施設・設備等に関しては、アンケート等でその満足度を把握している例が多いと思われる。

　このような指標を設定し、それぞれの数値を高めていくことは有用なことであり、それによって学生の満足度も向上し、大学の評価も上がることになるだろう。しかし、重要業績評価指標であるKPIを大学で設定する意味は、一つの指標の向上に向けて教職員、各部門が連携・協働していくことで大学の一体感を醸成すること、そして個々の教職員や各部門の働きが、どのようにして成果に結びついているかを明らかにするためであり、そのことによって大学を動かすストーリーを展開させるためである。

　そうであるならば、学生満足度に関連するさまざまな指標を統合した、一つの指標の設定が求められることになる。もし私の短大でそれを設定するとしたならば、学生の感謝の声ということになるのではないだろうか。技術的にどう集めるのかという方法に関して、明確な考えは残念ながら持っていないが、現在のテクノロジーを駆使したならば、そう難しいことではないようにも思われる。

　例えば、満足できる就職先を得られたときとか、資格試験に合格できた時、また結果には結びついていないが親身に相談に乗ってもらった時などに、感謝の声を届けてもらうのである。もちろん、最初から多くの

学生が協力してくれるとは限らないが、大学を良くしていくという趣旨を理解してもらい、プライバシーの保護を徹底するならば、学生にとっても感謝の気持ちを持っている状態であるので、相当程度の協力は期待できるのではないかと考えている。

　この指標は数値として管理していくものではあるが、さまざまな感謝の声という、きわめて温かい人間的な指標であるので、教育機関である大学のKPIとしてふさわしいものではないだろうか。また、どのような働きによってもたらせられた感謝の声であるかも相当程度に明らかになるので、個々の教職員、各部門と成果との結びつきも明らかになると思われる。

## ●感謝の声がつくるストーリーは ━━━━━━━━

　学生の感謝の声を増やすということをKPIとして設定すると、教職員の学生対応は、より学生の立場に立ったものに変わっていくことになる。それも学生の一時的な便宜に合わせるということでなく、最終的に学生のためになるような対応を志向することになる。そうでないと、感謝の声にまでは至らないからである。就職支援でいえば、単に就職率を上げるということでなく、個々の学生の希望と適性に合致した就職先とのマッチングということを、より意識するようになるだろう。

　授業や学生生活の支援といった面でも、学生を教育や支援といったサービスを受ける客体としてではなく、教育や支援によって成長していく主体として見るというように、視点の転換も行われることになる。そうなってくると、知識やスキルを伝える、さまざまな体験をさせる際にも、どのようにしたら、それを受ける学生たちにとって、より将来のために役立つものになるかということを意識するようにもなってくる。もちろん、施設や設備の整備といった面でも同様で、使う学生たちにとって機能的であること、安全であることといった視点が重視されるようになる。

　このような状況が生じてくると、学生たちからも感謝の声が上がるよ

うになる。そしてそれは日常的に把握されるものなので、年に一度のアンケート等とは違って、教職員のモチベーションを大いに向上させることになる。そのことで、さらに学生の成長を意識する教育や支援を提供できるようになるという好循環も生じてくる。

　このようなストーリーがキャンパスに流れるようになるならば、学生は満足して卒業していくことになり、後輩への正味推奨者比率も高くなり、順調な学生確保が実現することになると思う。

# 10　構成員の能力開発

●主体的に考える ─────────────

　成果の出せる組織となるためには、構成員の意欲を高める、能力を高める、そして積極的かつ自発的な行動を生じさせるということが重要なものになると述べた。このうち行動を生じさせることについては、既に行動分析学やKPIといった観点から考察をしたので、ここからは構成員の能力を高めることについて考えていきたい。

　今、大学でもFD（Faculty Development：授業の内容及び方法の改善を図るための組織的な研修及び研究）やSD（Staff Development：教育研究活動等の適切かつ効果的な運営を図るため、教職員に必要な知識及び技能を習得させ、並びにその能力及び資質を向上させるための研修）といった取り組みが義務化されたため、どこの大学でも毎年、FDやSDに関する研修等が行われるようになってきている。

　これらの研修により、授業力が向上することになり、教職員の経営力、経営感覚が磨かれることになれば、それは当然、大学の状況を改善することにつながることになるので、歓迎すべきことではある。しかし実際は、単発の研修によって授業力や経営力等の改善につながるケースは、それほど多くないように思われる。やはり大事なことは、日ごろの意識の持ちようではないかと思う。

能力開発において最も大切なことは、日々、考えること、考えさせ続けることではないかと思う。そのためには、組織内に考える風土をつくることが不可欠である。例えば異動等で部門が変わると、当初は業務のやり方等について、いろいろと疑問を持つことも多いと思うが、日々、業務を続けていると、そのやり方に慣れてしまい、疑問がいつの間にか消え去ってしまうことになる。そうならないようにするためには、一つ一つの業務に関して、これまでのやり方を批判的かつ建設的に毎回点検してみることである。その結果、これまでのやり方が継続することもあるであろうが、大事なことは所与のものを当然には受け取らないという姿勢である。

　このような点検をいちいち行うということは面倒なことであり、ストレスになりそうだと思われるかもしれない。確かに、他者の決めた仕事のやり方を踏襲するということは楽ではあるが、やりがいというものは感じにくくなってしまうと思う。これに対して、自分の頭で点検してみるというプロセスを踏むことは、自分がその業務に主体的に関わり、コントロールしているということを感じられるようになるので、やりがいを感じることになる。やりがいは、大きなエネルギーを生み出すものであり、仕事を楽しくしてくれるものであるから、ストレスを感じるというような心配はもちろん無用となる。

## ●現状を前提としない

　これまでの大学では、前年のやり方を特に意識せずに踏襲していたという状況が多かったのではないだろうか。一つの仕事が終わった後には必ず振り返りを行い、PDCA の C（Check：点検・評価）、A（Action：改善）のサイクルを回して要改善点を見出し、改善につなげているというケースは、そう多くないように思われる。特に、その業務が支障なく遂行できた場合には、あえて振り返りの機会を持つ必要性を感じにくいので、そのままにしてしまうケースも多いのではないだろうか。

　また、新規採用が抑制され、定年以前に辞めるケースは極めて少ない

という大学職員組織においては、勤務年数の長い職員の比率が高くなってきているという状況があると思われる。そのような組織の場合、豊富な経験上の知識を持ち、これまでの仕事の進め方について熟達している職員は多いので、効率的に仕事を処理していくという面では優れているが、これまでのやり方にとらわれずに、自分の頭で考えて、さらに良いやり方を見出していこうという姿勢にはつながりにくいように思われる。

　大学を取り巻く環境の変化に伴い、このような状況を改める必要があるといわれても、長い間に身に付いたものはそう簡単には変えられない。また、変えるということは少なからぬエネルギーを伴うことであり、これまで自分のしてきたことを否定することにもなりかねないので余計である。したがって、このような状況を変えるためには、何か仕掛けが必要となる。そのためのフレームワークの一つが、プラス・マイナスで考えるというものである。

　プラスには、新たに取り入れるということと、これまであったものを増やすという二つの要素があり、マイナスには、取りやめるということと、これまでのものを減らすという二つの要素がある。これをマトリックスにして、大学の取り組みを考えてみるのである。そうすると、微修正でない根本的な見直しが可能となる。

　例えば、どこの大学でも毎年つくっている大学案内。これを例に考えてみると、今までは前年度の掲載項目を基本的には踏襲し、内容が変わった部分を修正して制作するという例が多かったように思われる。それを、読み手である受験生等が持っているニーズや感じている不安、そして読み手に与える効果といった点から見直してみるのである。そうすることで、これまで当たり前のものとして考えていた掲載内容を点検することができ、より良いものとすることができるのである。

**大学案内プラス・マイナス・マトリックスの記入例**

| （新たに取り入れる）<br>学生の成長ストーリー | （増やす）<br>学生の声<br>学生支援システム |
|---|---|
| （取りやめる）<br>イメージ中心なページ | （減らす）<br>学長の挨拶<br>（トップページから最後の方に移動） |

## ●ゼロベースで考える

　ゼロベース思考とは、今まで持っていた既成概念や思い込みをいったんゼロにして、基礎（ベース）がない状態から考えるという手法である。例えば、今どこの大学でも少なからぬ費用と労力を費やして行っているものに広報活動がある。受験雑誌や受験サイトへの掲載、交通広告、テレビのCM、高校訪問、オープンキャンパス、SNSなど、さまざまな媒体等を活用して行っているが、これらの活動を全く白紙に戻して考えるのである。

　ゼロベース思考で考える際に必要なことは、三つあると思う。一つは、目的は何かを改めて考えるということであり、二つ目は、相手の立場、視点に立って考えるということである。そして三つ目は、自学の状況を見つめなおすということである。この三つのことを踏まえて、大学の広報活動を白紙の状態で考えてみるのである。

　例えばテレビCMであれば、その大学の存在を知ってもらいたいということで実施している例が多いように思われるが、地方の、ある程度の歴史のある大学であれば、大学が存在しているエリアの人たちには、既に知られているという状況にあると思う。そうであれば、広報の最終目的である、受験し入学してもらうということにつなげられるような、別の手段を実施した方が賢明であるといえる。

自学が対象として考えている受験生に、受験し、入学してもらうという行動をとってもらうために必要なことは何かということを、ゼロベースで考えてみることをお勧めしたい。特にコロナ禍で活動が制約されているこの時期、絶好の考える機会ではないかと思う。

## ●ロジカルシンキング

　教職員の能力開発を図るには、研修や自己啓発といったことももちろん有用なことではあるが、風土づくりという観点から考えると、日常的に考える習慣をつけていくことが最も効果的であると思う。そして、考える際に必要な姿勢としては、論理的に考えること、多面的・多角的に考えること、そして常に目的を意識して考えるということが大切である。これらを順に考えていきたい。

　最近、ロジカルシンキングという言葉をよく耳にするようになった。その背景には、国際化の進展、ビジネス環境の複雑化といったことがあると思われる。日本人同士であれば、阿吽の呼吸と言われるように、相手の言いたいことを察して理解するということもできるが、文化や習慣の違う外国人との間では、論理的に考え、説明しなければ通じないからである。そして先行きの不透明感の強まり、取り巻く環境の変化の速さ、テクノロジーの進歩などにより、ますます複雑化してきているビジネスの現場においては、筋道を立てて考えないと、成果に結びつく確率は極めて低くなってしまうという状況になっているからである。

　このような事情から注目されてきているロジカルシンキングであるが、これは大学にとっても有用な考え方であると思う。かつての恵まれた環境下では、大学は毎年、同じような取り組みを行うことで、特に支障なく運営することができていたが、18歳人口が減少し、受験生から選ばれる大学にならないと生き残ることができないという環境になってくると、学生にとって重要な価値を与えられる大学になるためにはどうしたらいいかということを、きちんと考えなければならなくなったからである。

ロジカルシンキングと言われている考え方には、演繹法、帰納法など、さまざまなものがあるが、まず大学に取り入れるべきものは、仮説思考ではないかと思う。仮説とは、文字どおり仮の説ということで、その時点で考えられる最も正解に近いと思われる答えであり、それに基づいてとりあえず実行し、その結果を検証して仮説を修正していくという考え方である。

　何か意思決定をしなければならない時、我々は多くの情報を集めることが適切な決断をするためには必要だと考え、情報収集に多くの時間とパワーをかけてしまいがちである。しかし、いくら多くの情報を収集したとしても、そこから明確な正解が出てくるわけではないし、時間をかけることによってチャンスを逸してしまうおそれもある。また変化の激しい環境下では、状況が変わってしまうということもある。大学を取り巻く環境が、厳しい方向に、めまぐるしく変化していっている現在、いち早く行動を起こし、状況を改善していく必要がある。そのような状況で有用なのが、この仮説思考であると思う。

## ●仮説思考の有用性

　コンビニエンスストア業界のトップを走っているセブン-イレブンでは、この仮説思考が日々繰り返されているという。例えば、ペットボトル飲料についてであるが、陳列されている種類が多ければ多いほど選択の幅があることになり、売り上げ増につながると考えがちである。それに対して、種類が多すぎてかえって選べなくなっているのではないかという仮説が出された。この仮説を実験するため、売れている商品を中心に種類を絞ってみたところ、なんと売り上げが３割も伸びたという。また、売れ筋商品を中心に種類を絞り込んだことで、売れ筋商品の在庫は多くなり、売り切れによる機会の逸失も防げることになったという。

　また、商品の陳列場所についても仮説思考を活用している。例えば、サンドイッチの隣にカップスープやコーヒー飲料を並べたり、おにぎりの隣に緑茶やウーロン茶のペットボトルを並べたりといった具合であ

る。このように、さまざまな仮説を立て、それを実験してみて、成果が出れば継続し、出なければ別の仮説を立てるというように、常に仮説サイクルを回し続けているのである。

　店舗の近くで行われる、行事やイベントによる売れる商品の変化予測についても、同じく仮説思考が活用されている。例えば、近くにある小学校で運動会が行われる場合に、おそらくこのようなものが売れるであろうという仮説を立て、それに基づいて仕入れを行うのである。もちろん当たりはずれはあるだろうが、その結果は次回に生かされることになるし、他のイベントが開催される場合の参考にもなることになる。

　そして、このような各店舗における仮説思考とその結果は、全国の店舗で共有されることになり、このような試みが全店舗で行われることで、仕入れ予測の正確性はどんどんと向上していくことになる。セブン‐イレブンが、面積当たりの売り上げでコンビニエンスストア業界のトップを走り続けていられるのは、味が美味しいなどの理由ももちろんあるだろうが、この仮説思考が果たしている役割も小さくないように思われる。

　スーパーマーケットなどでも、季節の鍋物の材料を一か所にまとめて陳列し、購買意欲を促進するとともに、買い物の便宜を図っている例を見かけることもあるが、あれも仮説思考の表れといえよう。

## ●実行、検証につなげる

　大学の中での話し合いにおいても、仮説のようなものはしばしば出てくるが、それを前提に試行し、検証していくという面が少し弱いように感じている。例えば、推薦型の入学試験の受験者が減少したという状況になった場合、今回のコロナ禍により受験準備が遅れているのではないかとか、都会にある大学では次年度も遠隔授業が主体となり通学しなくても済むので、そちらに受験生が流れたのではないかなどの仮説はいくつか出てくると思う。

　この段階で重要なことは、その仮説を裏づける状況があるかどうかを

探ること、すなわち、高等学校を訪問し、仮説として出たような状況が本当にあるかどうかを確認し、そのような状況がないのであれば再度、仮説を考えることが必要となる。また、そのような状況があるということになれば、それに対応した策を講じることが必要になる。しかし大学の場合、会議自体は数多く開かれているが、そこで話し合われたことを実行に移していくという状況は少ないように思われる。話し合うということだけで終わりとしてしまっていては、当然ながら状況は改善されないことになってしまう。

なぜ、そのような状況が生まれやすいのだろうか。それぞれの大学により事情は異なるであろうが、仮説を立て、それを検証して迅速に状況を改善していくという風土がないということは、共通の要素として挙げられるのではないだろうか。そしてその原因として挙げられることは、会議等で話し合うにあたって、単に理由を探すということではなく、改善につなげるための仮説を出し合っているという意識を、持っていないということではないだろうか。

仮説は、実験して検証することで改善という成果に結びつくようになる。大学の会議等をする際に、ここは仮説を出し合い、それを試行するための準備をする場であるということを参加者が共有し、次の会議では試行の結果を検証し、仮説を修正していく、もしくは試行を継続していくというサイクルを回していくことが重要である。話し合いを、行動に必ずつなげることが、仮説思考を機能させるためには不可欠なことである。

## ●MECE

ロジカルシンキングの代表的なフレームワークの一つとして、MECEというものがある。Mutually（お互いに）、Exclusive（重複せず）、Collectively（全体として）、Exhaustive（漏れがない）という四つの言葉の頭文字をとったもので、それぞれの意味を合わせて、漏れなく、ダブりなく考えるという手法である。この考え方も、仮説思考と同じく、

これからの大学運営・経営においては重要な考え方ではないかと思われる。

　例えば、人間を漏れなくダブりなく分けるとしたら、いろいろな分け方が考えられるが、最もシンプルなのは男女に分けるということだろう。携帯電話の開発にあたる場合であれば、男女と分けるだけでもデザインを考えやすくなる。また、男女をそれぞれ年代別に分けるならば、さらにそれぞれに合ったデザイン、機能が考えやすくなるというように、対象を漏れなくダブりなく分けることで、適切な対応を考えられるということが、この MECE という考え方のメリットであるといえる。

　この考え方を、大学ではどのように活用できるであろうか。例えば、新入生に対してのサポートを考えるといった場合に、新入生を一つのまとまりとして捉えるのでなく、新入生を自宅通学の学生と自宅外通学の学生に分けて考えた方が、それぞれの学生にとって適切なサポートが考えられるといった具合である。また、これを時系列に分けて考えることもできる。入学前のサポート、入学直後のサポート、1か月経過した後のサポートといった具合である。このように分けた方が、新入生の状況に合わせたサポートが可能になると思われる。

　MECE を活用する際に留意すべきことは、もともと適切な対応を生み出すためのフレームワークであるから当然のことではあるが、適切に考えられるような分け方をするということである。そしてそれは、その組織の活動内容や対象とする顧客によって異なってくる。例えば、衣料品を扱う組織であれば、春、夏、秋、冬と分けることで適切な対応がしやすくなるであろうが、大学であれば、そのような分け方はあまり意味のないものとなってしまう。

　基本的な視点としては、対象となる顧客等の状況が異なっているかどうか、時間の経過によって異なってくるのかどうかを、分け方の基準とするといいように思う。

## ●MECE に基づく考え方

　この MECE という考え方に基づいたフレームワークとして、3C、マーケティングの 4P、SWOT 分析といったものが挙げられる。3C とは、Customer（顧客、市場）、Competitor（競合）、Company（自組織）の三つの視点から、自組織の進むべき方向性を検討する考え方である。大学では、まだまだ顧客や市場の理解、競合に対しての意識といったものが不十分であると思われるので、この考え方は有用なものであり、活用すべきではないかと思う。

　マーケティングの 4P とは、Product（製品、商品）、Price（価格）、Place（流通）、Promotion（販売促進）の頭文字から名づけられた名称で、マーケティングミックスともいわれているが、この四つの要素を適切に組み立てることで、商品等の売り上げ増を図る手法である。例えば、高級化粧品であれば、価格は高く設定した方が、高級感が出ることになるし、販売場所も百貨店での説明を伴う対面販売が売りやすいということになる。また、宣伝については、高所得者を読者層とした雑誌等に広告を載せるというように、商品に応じた価格、売り方、宣伝方法を考えるということである。

　大学でいえば、教育サービスという商品を購入してもらう、すなわち入学してもらうためには、どの程度の学費の設定が適切なのか、その教育サービスをどこで、どのような方法で提供するのか、どのような手法で教育サービスの特色等を伝えていくのかといったことを、改めて考えるには有用なフレームワークといえよう。特にコロナ禍で、遠隔による授業提供の可能性が広がった今、Place（流通）について再考する余地は少なくないと思われる。

　また、このフレームワークを応用して、広報手段について考えることもできる。ここでは、駅構内の看板について考えてみたいと思う。私の職場近くのターミナル駅にも、私立だけでなく国公立も含めて、多くの大学の看板が掲出されている。看板設置の主たる目的は、自学という商品の認知度を高めること、すなわち Promotion（販売促進）にある

と思われる。価格はどうかといえば、安くはないが効果次第といえる。Place（流通）はどうだろうか。駅構内を歩いている人、特に認知してもらいたい相手である高校生たちが、役立ちそうな看板はないかと探しているだろうか。これらのことを総合的に考えてみると、駅構内への看板設置が効果的な方法かどうかを、点検する必要はありそうに思われるのである。

SWOT分析については、すでに多くの大学で実施していることと思われるが、大学自体が持っている強みと弱み、その大学を取り巻く環境のうち、恵まれている状況、厳しい状況をリストアップし、それらをもとにして大学の進む道を考えていくというフレームワークである。この分析の際にもMECEの考え方を活用して、内部の教職員による分析だけでなく、学生や関係者など、教職員以外の視点も加えて分析すると、漏れのない分析になると思う。

時系列といった観点でMECEの考え方を活用できるものに、入学に至るまでのプロセスを分析するといったことがある。受験生が入学に至る状況を時系列で分けると、最初にその大学を知るということがあり、次にその大学に興味を持つということになる。興味を持ったら、その大学を調べたり、他の大学と比較したりすることになり、その結果、入学先の候補と判断されれば受験に至るということになる。そして複数校受験し、合格した場合であれば、最も志望順位の高い大学に入学するということになる。

このように受験生の状況を分けて考えると、その状況に応じた適切な対応が考えやすくなるのである。最初の段階では興味を持ってもらえる形でその大学のことを知ってもらう必要があるので、受験サイトや受験雑誌の掲載内容を、興味を持ってもらえるものにする必要がある。次の、調べたり、比較したりといった状況に対しては、自学ならではの魅力を伝え続けていくことが、受験へと導くためには必要であるということになる。そうであれば、既に受験先を絞り込んでいると思われる時期に、自学のことを知ってもらうための広報活動に、多額の費用をかける

といったことは得策ではないということになる。

## ●振り返りのときにも ──────────────

　私がかつて所属していた短期大学の学生募集が厳しい状況になり、その打開策として四年制大学への改組を行った。その時は、短大だから駄目なのだということしか考えなかったため、四年制大学となっても、すぐに定員割れとなってしまった。改組の構想をしていく中で、短大としてのこれまでの歩みを振り返り、良かった状況、厳しかった状況、継続した方がいい要素、変えるべき要素を分析し、それを四年制大学の開設プロセスの中で、状況に合わせた形で生かしていけていたならば、もう少し順調なスタートになったのではないかと思う。

　私たちの脳は、複雑さよりもシンプルさを求めがちなので、理由や原因もシンプルに考えてしまうことが多い。しかし、実際の状況はそんなに単純なものではない。どんなことでも論理的に考えられるMECEは、私たちの脳を修正してくれる有用なツールである。

## ●多面的・多角的に考える ──────────────

　考える際に求められることとして、論理的に考えるの次に挙げたことが、多面的・多角的に考えるということである。多面的とは一つの事柄の異なった側面を考えることであり、多角的とは異なった角度から一つの事柄を捉えるということなので、厳密な意味としては異なるものであるが、内容としてはほぼ同じといえるので、ここでは一括して使っていきたいと思う。

　多面的・多角的に考える例としてよく挙げられているものであるが、コップに半分の水が入っているのを見たときに、もう半分しかないと思うか、まだ半分あると思うか、その見方は分かれるが、大事なのはどちらの見方もできるようになるということである。また、未開の地に靴を売りに行った人が、現地では誰も靴を履いていないのを見て、誰も靴を履かないから売れないと判断するか、誰も履いていないからこそ売れる

余地が大きいと判断するかも同じ例といえる。どちらか片方だけでなく、両方の見方ができることで、より適切な対応が可能になるのである。

　私たちが、多面的・多角的に考えることがなかなかできない理由として、固定観念を持っているということがある。本当はさまざまな要素を持っている対象物のことを、単純なものとして捉えてしまうものである。なぜそのようにしてしまうのかといえば、複雑な要素を一つ一つ考えるよりも、楽だからである。私たちは日常、さまざまなことを考え活動しているので、少しでも情報処理を簡素化したいというように脳が働くのである。固定観念により、物事が整理しやすくなり、処理の時間が節約できるというメリットもあるが、変化の必要性を感じられなくなるという大きなデメリットがあるのである。

　固定観念に縛られないようにするためには、自分と異なる人の意見を多く聞くことや、自分の仮説に都合の悪い情報も含めて、多くの情報を集めることが必要となる。また、最初に得られた結論に対して、本当に多面的・多角的に考えられているかどうかということを点検してみることも大切なことである。これは、クリティカルシンキング（批判的思考法）といわれている考え方で、先行きが不透明であり、かつ複雑化してきている環境下において、大学を適切な方向に進めていくためには不可欠な考え方といえよう。

　また、人間はなかなか別の視点から考えにくいという事情もあると思う。私が以前所属していた大学は、開学してすぐに定員割れとなってしまったのであるが、それも相手方視点、相手の立場に立って考えるということが、全くできなかったためである。関係教職員で知恵を絞り、このような大学をつくれば、必ず多くの入学希望者を得られると確信してつくったのであるが、蓋を開けてみると無残な結果となってしまったのである。回復を図るため、顧客視点に立ち、市場の状況を踏まえながら改革した結果、比較的短期間で入学定員を満たせるようになったのである。

## ●そのメリットは

　多面的・多角的に考えるメリットとして、新たな気づきや可能性を見出せる、すなわち柔軟に考えられるようになるということがある。私が所属していた大学が定員割れから回復した際に、大きな貢献を果たしたのが「資格特待生制度」という施策であった。

　これは、実用英検２級等の指定資格を入学までに取得した人は、全員、授業料が全額免除となり、年度毎に更新審査はあるが、所定の基準を満たせば４年間免除が継続するという特待生制度である。大胆すぎるとして学内での反対も多かったが、結果としては、この制度が大きく機能し、偏差値の向上、評価の向上を生んだのである。

　この制度を考えついたのも、視点の転換、すなわち多面的・多角的に考えた結果であった。何かいい回復策はないかと、関係者にヒアリングを行っていた時のことである。高校の進路指導の先生何人からか、現状の進路指導の課題として、意欲も学力もあるが、家計の状況で進学を断念せざるを得ないケースが増えてきているということが伝えられた。このような、大学にとっては好ましくないような状況を逆手にとって、何とか回復策として活用できないかということを考えたのである。

　学費支援のための奨学金や特待生制度というものは当時もあったが、それではカバーできない状況とは何かということを突き詰めていく際に、高校生やその保護者の立場に立って考えてみたのである。既存の奨学金や特待生制度は、受験して成績が良かった場合、あるいは入学して困窮度の度合いが相対的に高かった場合に受給できることになるが、それまでは貰えるかどうかが不確定ということになる。しかしそれでは家計が厳しい家庭の場合、子女を進学させるという決断をすることができないのである。そこで考えついたのが、あらかじめ自分が特待生になれることが確定できる、資格特待生制度だったのである。

　大学側の視点だけで考えていると、学費が減免になるならばどのような方法でも同じではないかと思ってしまいがちであるが、相手の立場で考えてみると、大きな違いがあるのである。

視点の転換ということでいえば、この原稿を書きながら思いついたことであるが、不満について正面から対応して解消するのでなく、視点を変えることで解消するということもできるのではないかということである。私の短期大学は、新しい校舎も建設したが、古い校舎もまだ残っていて、そこにはエレベーターが設置されていないため、重い荷物を持っての階段の昇り降りは大変だとの声も出ている。また学生食堂はあるが、営業時間が限られているので、学内にコンビニが欲しいといった要望も学生からたびたび出てきている。

　このような声に応えて、エレベーターやコンビニをすぐに設置できればよいが、予算等の制約からそうはいかない場合も多い。そのようなときに、エレベーターがないおかげで階段を上がるという運動ができ、コンビニがないおかげで間食をしなくなり、そのせいで美容や健康にいいという成果を得ているというように視点を変えてもらうのである。不満を完全に無くすには至らないかもしれないが、目の前の階段を、トレーニング設備として前向きに捉えてくれる可能性はありそうである。

## ●観察力を鍛える

　観察という言葉を辞書で引くと、物事の状態や変化を客観的に注意深く見ることとある。多面的・多角的に考えるためには、その前提として対象となるものの状況、状態を把握することが必要であり、そのためには観察する力が求められることになる。

　この観察力を鍛えるために最も大切なことは、観察しようという意識を持つことではないかと思う。人間、意識すると視点が変わり、入ってくる情報が増えてくるのである。逆に、意識していないと、頻度高く目に入っているものでも情報として入ってこないのである。例えば、毎日何度となく見ているスマホの画面や腕時計の盤面を、見ないで再現できる度合いはどうだろうか。おそらく、相当低い再現率ではないだろうか。それはなぜかといえば、スマホの画面や腕時計の盤面の全体を意識していないからである。

自分が見ている世界が、その人にとってはすべてということになる。いくら多面的・多角的に考えることに努めたとしても、もともと見えているものが少ないという状態では、成果につながらないことになってしまうのである。

## ●ラテラルシンキング

　多面的・多角的に考えるメリットとして、新たな気づきや可能性を見出せる、すなわち柔軟に考えられるようになるということがあると述べたが、同様な思考法としてラテラルシンキングというものがある。ラテラルシンキングとは、1960年代にイギリスの心理学者である E. デボノが提唱した思考法で、我が国では「水平思考」と訳されているものである。

　ロジカルシンキングが、論理をつなげて掘り下げていくというような垂直型の思考であるのに対して、ラテラルシンキングは、水平方向に自由に発想を広げていくというもので、順を追って考えるものではないため、斬新なアイディアを生み出すのに有用な思考法といえる。ラテラルシンキングの説明でよく用いられているのが、モノを公平に分けるというケースである。例えば、七つのリンゴを3人で公平に分ける方法を考えるときに、二つずつ分け、最後の一つを皆の意見を聞きながら三等分するといった考え方はロジカルシンキングであるが、ラテラルシンキングでは、全部をジュースにして三等分するといったように、そのまま分けるという常識的な前提を超えた発想を生む考え方といえる。

　競争環境が激化し、常識的な方法だけでは有効な差別化が図れなくなっているような市場で差別化を図ろうとする場合や、利用者が減少し衰退していく市場を回復させるような場合においては、大変に有用な考え方ではないかと思う。例えば日本茶の市場である。私たちの世代は、まだ日常的にお茶を飲んでいたが、私の子どもたちの世代を見ると、お茶を飲むケースは非常に減っているように思う。このままでは衰退していってしまうと思われた日本茶市場の回復策として、若い年齢層が愛用

していたペットボトルにお茶を入れて売るということを考え出したのである。

　発売された当初は、お茶を有料で買う人がいるのだろうかと疑問に感じた。というのも、お茶というものはジュースやアルコール飲料と違って、飲食店でも無料で出てくるものであったので、わざわざお金を払ってお茶を買う人はあまりいないだろうと思ったからである。それが今ではご存じのとおり、会議での飲み物として、お弁当を出すときに付ける飲み物として、ペットボトルのお茶は多くの場で使われるようになってきている。

　競争が激化している市場での例としては、スポーツクラブ業界で店舗数を拡大し続け、現在、2000店舗を超える規模になっている「カーブス」が挙げられる。スポーツクラブ市場において一般的に競っていることは、多彩な講座の開講、筋トレ等のマシンの充実、プールの併設、そしてお風呂など快適に利用できる環境整備といったことである。これに対してカーブスは、顧客を女性に特化し、利用時間は30分間、しかも服装も自由なので、買い物のついでにちょっと立ち寄って、気軽に運動ができるというように、これまでのスポーツクラブが当然の条件と考えていたことを覆し、それによって、十分な時間も費用もかけられない主婦層といった新しい顧客を開拓したのである。

　このように、世間や業界の常識内で競うのでなく、それを超えた発想をすることで新たな需要や顧客を生み出すことができるのである。これは競合のいない新しい市場を見つけていくという、ブルーオーシャン戦略とも通じるものである。大学も、さまざまな制約がある中ではあるが、新たな発展を期すためには、業界の常識を超えた発想が求められているといえる。海外の例ではあるが、キャンパスを持たないミネルバ大学などは、その例として挙げられるものではないだろうか。

## ●ラテラルシンキングの手法は

　このように有用な思考法である、ラテラルシンキングができるように

なるためには、どうしたらいいのだろうか。私たちが自由な発想、突飛な発想をすることを妨げているものは、固定観念というものである。固定観念とは、常識や先入観といった、ものごとを考える際に当然の前提として働くものである。人間の脳は、省力化を指向するようにできているため、固定観念をあえて疑うことはせず、それを当然の前提として物事を処理してしまうのである。このため、なぜこのやり方なのか、本当にこれで十分なのだろうかといった思考が働く余地がなくなってしまうのである。

したがって、ラテラルシンキングの習慣を身に付けるためには、当然のように考えていた前提や条件、当然のようにとっていた行動について、「なぜそうなのか」とか、「本当にそうなのか」といった疑問を持つ習慣をつけることが大切なことである。他と違う、今までにない味わいのパンが注目され、人気急上昇のパン屋さんがテレビで紹介されていた。その店主は、常識とされていた小麦粉の加湿具合を、本当にそうなのかと疑い、新たな手法でパンを作り、これまでにない味わいを生んだとのことであった。

このように常識を疑うことが大切だといっても、ラテラルシンキング入門の段階においては、何か助けとなるツールがあった方が便利である。それが、オズボーンのチェックリストといわれるものである。九つの視点で、新しい発想を生み出すという手法である。

**オズボーンのチェックリスト**

| 1. 他に使い道は？ | 2. 応用できないか？ | 3. 修正したら |
|---|---|---|
| 4. 拡大したら | 5. 縮小したら | 6. 代用したら |
| 7. アレンジし直したら | 8. 逆にしたら | 9. 組み合わせたら |

前述したペットボトルのお茶の代表的なものとして、伊藤園の「お～いお茶」という商品がある。ユニークなネーミングも人気の理由ではあろうが、このお茶の売り上げを大きく伸ばしたものは「新俳句大賞」という企画である。季語不要の自由な俳句を募り、優秀作品をペットボトルのパッケージに載せるという企画である。最初は応募があるかどうか心配していたが、予想を大きく上回る 41,000 句の応募があり、この年の「お～いお茶」の売り上げは前年の 2 倍以上に伸びたという。

　お茶と俳句という、一般的には結びつけにくい組み合わせではあるが、お茶も俳句も日本独自の文化という点では共通であるので、結果としては違和感のない組み合わせとなっている。これなどは、オズボーンのチェックリストの「組み合わせたら」という考え方と共通するものである。

　大学の業務で考えるならば、定型的な業務の遂行方法の改善を図るとか、会議の効率的な運営を図るといったような場面ではロジカルシンキングが有用であるが、これからの大学の在り方を考えるといったような、革新的な発想が求められる業務においては、このラテラルシンキングが有用性を発揮することになると思う。

　大学では、大学とはこういうものだといった固定的な見方が強く、また規制も多い現状ではあるが、学生の成長を促進させるという方向においては、今後、規制が緩和される可能性は高いように感じている。この、学生の成長を促進させるという方向性の中で、どれだけ自由な発想ができるかどうかが、大学のこれからの成否を分けることになるのではないだろうか。

## ●マンダラート

　自由な発想を生むために有用なツールとして、オズボーンのチェックリストというものを紹介したが、同じく発想を広げていく関連発想法のツールとして、次はマンダラートというものを取り上げたいと思う。

　マンダラートとは、デザイナーの今泉浩晃氏によって考案された発想

法で、その使いやすさと有効性からビジネスの場でも広く活用されているものである。マンダラートのやり方は、非常にシンプルなものである。最初に、真ん中のマス目にメインのテーマを書き入れるのである。次に、その周囲の八つのマスにメインテーマのために必要なこと、関連することを入れていくのである。そして周囲の八つのマスに入れたものを、それぞれ外側の９マスの真ん中に入れ、それに必要なこと、関連することをその周囲の８マスに入れていくのである。

　そうすると、メインテーマに必要なこと、関連することが八つリストアップされ、その八つに必要なこと、関連することがそれぞれ八つずつリストアップされることになるので、目標達成のための詳細な計画の策定や、アイディアの自由かつ広範囲にわたる展開が可能となるのである。

マンダラート

このマンダラートが注目されたきっかけの一つが、いまアメリカ大リーグで活躍している大谷翔平選手が、高校時代にこのマンダラートを使って目標達成のための計画を立てたことが紹介されたことである。大谷選手は、メインテーマとして「ドラ１　８球団」、すなわちプロ野球のドラフト会議で、１位指名を８球団から獲得するということを書いている。そしてそのために必要なこととして周囲のマスに、「体づくり」、「コントロール」、「キレ」、「メンタル」、「スピード160km/h」、「人間性」、「運」、「変化球」という八つの言葉を書いている。

　余談となるが、このマンダラートを見て、「運」ということを最初の八つの項目に入れていることに興味を覚えた。自己の努力だけではどうにもならない要素の重要性を感じていたということに、彼の天才の資質を見出せるように思えたのである。そして、その「運」のために必要なこととして、「あいさつ」、「ゴミ拾い」、「部屋そうじ」といったことを書いているのも興味深いことである。

## ●マンダラートを活用する

　私の短期大学のキャッチコピーは、「就職にも進学にも強い短大です」というものである。そのうちの一つである、就職に強い短大になるという目標を達成するということを、マンダラートのメインテーマに入れて考えてみるとどうなるであろうか。

　「就職に強い短大になる」という、メインテーマの周りの八つのマスに入れる言葉としてどのようなものがあるかと考えてみると、「基礎学力の養成」、「好感度を高くする」、「教養をつける」、「人間関係力を高める」、「専門性を養う」、「人間性を豊かにする」、「企画力を養成する」、「コミュニケーション力を高める」ということが、それほど時間がかからずに浮かんできたのである。

　このキャッチコピーは私が考えたものであるが、学長に就任した直後、このキャッチコピーの一つである、就職に強い短大になるという目標を実現するために必要なことについて、学内で話し合ったことがあっ

た。そのときに出てきたことは、基礎学力をつけるということと、好感
度を高めるということの二つだけであった。なぜ、多くの答えが出てこ
なかったのだろうか。その理由として考えられることは、通常の話し合
いの場では、特に出すべき答えの数が決められているわけではないの
で、答えがいくつか出てきた段階で事足りたと考えてしまい、さらに多
くの答えを出そうという意識が働かないからではないかと思う。

　ところがマンダラートのように、あらかじめ八つのマスが用意されて
いるとなると、それを何とかして埋めなければならないという気持ちに
なるので、否応なしに発想の幅が広がることになるのである。また、人
間の頭は空白のマスがあると、それを埋めなければならないという意識
が働くといわれているので、それもマンダラートの有用性を支えるもの
になっているようである。

　また、前述の就職に強い短大になるための話し合いの際に出てきた、
学生の好感度を高めるための方策に関しても、出てきたアイディアは、
わずかに挨拶をきちんとする風土をつくろうというもの一つだけであっ
た。マンダラートを使って考えたならば、このほかに新たな七つのアイ
ディアが得られたことになることを考えると、このマンダラートという
ものは大学の戦略策定の際に、また戦略を実際に展開していく際の手法
を考えるときにも活用できる、大変有用なツールではないかと感じてい
る。

### ●実行計画策定のツールとして

　私立学校法の改正により、各大学において中期計画の策定が義務づけ
られることになった。もちろん、各大学ともこれまで既に、中長期の経
営計画や単年度の事業計画を策定しているという状況がほとんどである
とは思われるが、この中期計画の実施項目を選定するプロセスに、マン
ダラートの活用が有用ではないかと思われる。

　通常であれば前述のとおり、一つの基本戦略に関して、数個の実施項
目が挙げられれば十分と考えてしまうところであるが、マンダラートを

146

使うことで、八つの実施項目が挙げられることになる。もちろん八つの項目を何とかして考え出すので、挙げられた項目の中には重要性の低いものも含まれている可能性もある。また、8項目も実施するということになると、マンパワーが分散してしまって、かえって成果に結びつかないというおそれもあるとは思う。

　マンダラートを戦略の実施項目選定に活用する意味は、多面的かつ多角的に基本戦略の実施方法を考えられるようにするということなので、出てきた8項目をすべて選定する必要性は、もちろんないといえる。重要なことは、すぐに考えつくような項目だけ挙げることで、終わりとすることにはしないということである。このようにすることによって、大谷選手のマンダラートに書かれていた、「運」というような、通常であれば見逃しがちな項目にも着目できることになるのである。

　また、マンダラートではメインテーマに関して72項目という多くの項目を挙げなければならないので、少数の人たちで考えるやり方よりは、多くの人の意見を取り入れていくという方法の方が馴染みやすいといえる。人間誰でも、他人の考えたプランについては、たとえそれが内容として優れたものであったとしても、当事者意識を持って実行にあたるということはなかなかできないものである。その意味からも、全員参加を可能とするマンダラートを活用した実行計画策定は、有用な手法ではないかと思う。

## ●目的を明確にする

　考える際に求められる姿勢として、論理的に考える、多面的・多角的に考えるの次に挙げたのが、目的を意識して考えるということである。目的を意識して考えるということをもう少し詳しく説明すると、まずは目的を明確にすることが必要となる。そして次に、その目的をいつも意識して考える、意識して行動することが求められるということになる。

　大学の活動においても、漠然と目的は決まっているが、明確になっていないというケースも少なくないように思う。例として、今ではどこの

大学でも、年に数回以上、開催されているオープンキャンパスを取り上げて考えてみたいと思う。オープンキャンパスの内容としては、学部・学科内容の説明、模擬授業、施設見学、学食体験、質問コーナーといったものが一般的であると思われる。

　オープンキャンパスを開催する目的は何かといえば、その大学のことを実感してもらうということであろう。そのために、前述のようなさまざまなプログラムを用意し、多くの教職員が関わり、学生スタッフにも協力してもらい、大学を挙げて行っているのである。では、どのようなものとして実感してもらうのかという、具体的な内容は決まっているのであろうか。

　この点が特に意識されていないと、一般的な学部・学科内容の説明が行われ、担当教員によって興味深かったり、そうでもなかったりといった授業の体験してもらい、それほど他の大学と代り映えのしないランチを食べてもらうことになる。施設見学は、充実した設備を備えた大学にとっては差別化を図れる良い機会となるが、高等学校の施設とそれほど変わらない大学の場合には、特別な感動を与えることもできないことになる。このような状況であるならば、オープンキャンパスが終わり、家路につく参加者がその大学のことをどのように実感したかは、なかなか想像ができないことであり、参加者それぞれによって異なるということになってしまうと思われる。

　オープンキャンパスの目的は、その大学のことを実感してもらうことだと述べたが、どのようなものであっても実感してもらえればいいということではもちろんない。では、どのように実感してもらえればいいのかといえば、他の大学と比べて魅力的な大学である、入学したら自分にとって有用な価値が与えられる大学であると実感してもらうことである。そうであるならば、実感してもらいたい姿を明確にし、それを教職員や学生スタッフで共有すること、そしてその目的を達成できるようにプログラムの内容を設計していくことが大切なこととなる。それができたならば、オープンキャンパスの終了時、多くの参加者が、大学が目的

とした持ってもらいたいイメージを、実感して帰っていくという状況を生み出すことになるのである。

　これは、同じく広報活動の一つである、交通広告についても同様な状況があるように思う。例えば、駅構内に掲出されている広告看板である。今や、駅構内に出されている看板のうち、大学の看板が占める率は、相当程度になっているように感じている。看板を出す目的はといえば、当然、その大学のことを多くの人、特にステークホルダーとなる人に知ってもらうためである。では、それは単にその大学の存在を知るだけでいいのであろうか。

　都市部を除けば、各地域にある大学の数というものはそれほど多くはないので、その地域に住んでいる人、特にステークホルダーとなる人であれば、おそらくその存在は知っているというケースがほとんどではないかと思う。そうであるならば、存在を知ってもらうために看板を出すのは意味がないこと、もったいないことになってしまう。ここでもオープンキャンパスの場合と同様に、どのようなことを知ってもらいたいのかということを明確にする必要がある。

　そのうえで、ではそのためには看板にどのような情報を載せたらいいのかということを検討して決めていく必要がある。また、検討した結果、看板に載せられる情報量では知ってもらいたい情報を伝えきれないという結論や、多くの情報を載せても立ち止まってまでして読んでくれる人はいないであろうという結論になった場合であれば、他の広報手段を考えるということになる。

　このように、当該活動の抽象的な目的だけでなく、その具体的な内容を明らかにすることによって、活動内容を適切に修正すること、もしくは他の活動を選択するというように、目的達成にとって有用な手段を実施できるようになるのである。

## ●目的を意識する風土づくり

　大学の活動や行事は、毎年、ほとんどが同じものであり、それも昔か

ら長い間、継続して行われているというものが多いと思われる。例えば、ほとんどの大学で行われている大学祭なども、毎年、同じようなことを準備し、実施しているケースが多いのではないだろうか。もちろん学生が実施主体ということなので、大学側があまり関与するのは適切ではないということもいえるだろうが、社会に対しては、その大学が実施している行事、発信している情報と受け取られることになるので、何のために大学祭を行うのかという目的について、改めて考えることも必要になるのではないだろうか。

　もちろん、学生自身が楽しむこと、大学時代の思い出をつくることが主たる目的となって構わないのであるが、せっかく大学の大きな行事の一つとして行うのであるから、それだけではなく、こういうイメージを発信したいとか、地域社会にこのような価値を与えたいといった、大学としての目的も併せて盛り込んでいく方が、より意義のある大学祭になるのではないだろうか。

　このように毎年同じことを行っていると、それを行うこと自体が目的となってしまうので、改めてそもそものこの活動の目的は何なのか、そして現状を踏まえたならば、そこに新たな目的を加味することが適切なのではないかといったことを考える習慣をつけていかないと、手間暇をかけた割には効果の少ないものになってしまうと思われる。成果を出す組織としていくためには、そもそもの目的や新たに加えるべき目的といったことを、教職員がいつも意識していく必要がある。

　とはいえ、人間の脳も身体もできるだけ省力化を図りたいという作用が強く働くため、よほど意識して目的を明確にするように心掛けないと、慣性の法則に従って同じことを続けてしまうことになる。なぜ、さまざまな活動をするのかといえば、活動すること自体が目的ではなく、何らかの有用な成果を生み出すという目的のためにしているのである。そうであれば、大学を取り巻く環境が厳しくなり、かつ先行きも不透明な今日、常に目的を意識して活動を計画するということは、大学を適切な方向に進めていくためには不可欠なこととなる。

コロナ禍において、卒業式や入学式を実施するかどうか、実施すると
したらどのような形態で行うかといったことを各大学で検討している状
況かと思われるが、私の短大でも、改めて入学式や卒業式の目的を検討
したことが、これまで全くなかったことに気がついた。一般的と思われ
る式次第を、何の疑いもなく実施してきたのであるが、これを機会に、
何の目的でこれらの式典を行っているのかを考えて、学生にとっても大
学にとっても、より意義のある形を模索していきたいと思う。

# ☑ 成果の出せる組織　チェックリスト

いくつ当てはまりますか。

□ 仕事のやり方に関する自由度が高い。

□ 目指すべき大学像が明確に示されている。

□ 教職員の意見や提案が取り入れられる仕組み、風土がある。

□ 大学全体の計画と個人の活動計画がつながっている。

□ 活動の目標が数値等で明確に示されている。

□ 目標達成に必要な、なすべき活動が具体的に示されている。

□ 仕事の結果に対して、フィードバックがあることが多い。

□ 教職員に対する褒賞制度がある。

□ 学外理事より学内理事が多い。

□ 学内理事の中に職員理事が複数いる。

□ FD、SD 研修が年間、各 2 回以上開催されている。

□ 計画の実施状況を明確にしている。

□ 計画の実施状況を振り返り、改善点を明確にし、次年度の計画に生か
　している。

□ 毎年の活動を、前年踏襲でなく変化させている。

□ 学内の会議は、情報共有だけでなく新たな施策を考え出す
　場となっている。

# 第4章

●●●

# 学習する組織をつくる

# 1 学習するとは

●学習とは ─────────────────────────

　「学習」という言葉の意味を辞書で調べると、学問、技術などを学び習うことといった、通常、使われている意味のほかに、特定の経験によって行動のしかたに永続的な変化が生ずる過程という意味が書かれている。そして行動が変化したとしても、経験によらないものは学習とはいえないとも書かれている。ここで考えていく学習する組織の学習とは、後者の使われ方を指すもので、簡単にいえば経験から学べる組織ということになる。

　大学という組織は学問を教授するための組織であるから、学習ということには馴染みやすいように思われるが、実態はどうであろうか。私が以前、所属していた短期大学は、女子の四年制大学志向の高まりによる短期大学離れという状況を受けて、志願者数が毎年減少し続けた。このような経験をしたことによって行動が変容したかといえば、入学基準を下げるという対応しかできず、新しい行動は生じなかったのである。

　入学基準を下げるという対応によって、志願者が多少増加するという一時的な回復は見られたものの、人気低下の傾向は加速するばかりで、このままでは閉校せざるを得ないのではないかという危機感を持つような状況であった。そのようなときに、地元の自治体に四年制大学の誘致、開設をしたいというニーズが生じ、募集に苦しんでいる地元の短期大学の、四年制大学への改組という計画が急速に進展したのである。

　しかし、ここでも経験から学ぶということができなかったのである。四年制大学への進学志向が、女子も含めて高まっているため短期大学が苦しくなったのだから、四年制大学になりさえすれば問題はすべて解決できると考えたのである。そのため、計画に関与した教職員側の視点からだけで発想した学部構想の下、新しくスタートした大学は、初年度こそ入学定員を充足できたが、2年目以降、定員割れの状況が継続、悪化

するということになってしまったのである。

## ●なぜ学習できないのか

　冷静に考えてみれば、女子の四年制大学志向の高まりにより短期大学の人気が低下したことは確かなことではあるが、すべての短期大学が学生募集に苦しんだわけではない。順調な募集状況を、維持できているところもあるわけである。また、どのような大学であっても、四年制大学ならばいいということも、もちろんないわけである。立ち止まって、周囲を見渡すとともに自学のことを振り返ってみるならば、経験から学べることは多いはずである。

　では、なぜ学べない事例が多いのであろうか。その理由の一つとして考えられるのは、それまでやってきたことが間違いだった、適切な方法でなかったということを認めたくないという心理が働いて、あえて同じ行動を継続してしまうのではないだろうか。さらに言うならば、過去の良かった状況のときのことを振り返って、なぜ良かったのかということが検証されていないので、これまでやってきたことが適切だったのかどうかの判断ができないため、その点に関してはあえて不問とし、これまでの行動を継続させてしまっているという状況があるのではないだろうか。

　ここから導き出されることは、失敗や成功という経験について、その原因が明らかにされていないということが、経験から学ぶことを阻害しているということである。学生募集状況が悪化している大学の方たちと話をしていて共通に感じることは、悪化している原因を外部環境に求めていることが多いということである。同じ募集エリアに競合校が増えたとか、社会の変化によってこの学科系統の人気が低下しているといった具合である。

　確かに18歳人口の減少をはじめとして、外部環境の変化が学生募集状況に少なからぬ影響を及ぼすことは否定できない。しかし、それはほかの大学であっても同様な状況であることが少なくない。原因を外に求

めるのでなく、自学ならではの原因を明確にすることが、経験から学ぶためには重要なことである。私が所属していた短期大学でも、受験生が減少した際に原因として考えられたものは、18歳人口の減少のほかは、入試で課している試験の形態が敬遠されているというようなものだけであり、内に原因を求めようという動きは全く生じなかったのである。

あの時に、これまで短期大学に進学していた女子が四年制大学を志向するようになったという外部要因を嘆くだけでなく、自学を志願する受験生が減った原因について、ある程度、明確にできるような、顧客視点、市場理解に基づく検討が行われていたならば、短期大学として残っていける道が見出されたのではないだろうか。実際、県内や近県の短期大学で存続できなかった例は、きわめて少なかったのである。

また、このときに経験を活かし、経験から学ぶといった姿勢を身に付けることができていたならば、四年制大学への改組転換の際にも、顧客視点に立ち、市場理解に基づいた学部内容を考えることができたのではないかと思う。この時期、周辺の短期大学も続いて四年制大学への改組転換を行っているが、短期大学時代の苦しかった状況を振り返り、それに基づいて基本から構想しなおして開設された四年制大学は、開学から順調な歩みを続けているのである。

## ●原因を明らかにするには

以前、所属していた短期大学が定員割れしていった原因については、残念ながら振り返るということをしなかったため、その原因を明らかにすることはできないが、その短期大学を改組転換してつくった四年制大学が開学してすぐに定員割れとなった際には、その原因を探るという作業を行ったので、その経験から原因を明らかにするために必要なことを考えていきたい。

まずは姿勢である。何かがうまくいかない場合や成果が出ない場合に、前述のように我々はその原因を外部環境に求めたがる習性がある。このことを十分に覚えて、すべては自分たちに敗因があるという意識で

点検することが大切である。自分たちでは良いと思ってつくった大学ではあったが、学生が集まらないということは、魅力がない、入学しても得られるメリットがあまりないと思われているということである。

　この点を謙虚に受け止めて、改めて受験者の視点から点検をしてみた。国際社会で通用する語学力を養成すると謳っていても、実際の成果もないし手法も明確ではない。地域の国際化に対応といっても、具体的なイメージは湧きにくい。そして何よりも、学生が集まらなかった短期大学を、四年制大学という看板に付け替えただけという印象を払拭することができなかったということが原因として浮かび上がったのである。

　そしてこれらの原因に対応した施策として、キャッチコピーを、確かな実力がつく大学であるという趣旨のものに変更し、英語力養成に関しても、習熟度別クラスの編成や必須の海外研修制度といったシステムを整え、そのことをアピールしていったのである。また、資格や就職等の面で成果を出すことが、大学の評価を上げるうえでは最も効果的なことであるので、実用英検等、指定資格の取得者を対象とした特待生制度を新設し、基礎学力と勉学意欲のある入学者を確保することにも努めたのである。

　この経験から学べたことは、受験生や学生の視点に立って大学運営を考えることが、最も大切であるということであった。


## 2　経験を生かす


### ●経験を記録する

　個人が経験を記録する際に、一般的に用いられるのは日記ではないだろうか。以前であれば紙の日記帳に書くというのが一般的であったが、現在ではブログなど、さまざまな電子媒体が用いられることも少なくないだろう。私も、以前読んだ本に紹介されていたエクセルを使った日記を、抜けてしまう日も少なくないが、それでもここ数年ほど継続して書

いている。エクセルの一つのセルに一日の出来事を書くので、もちろん
それほど詳細な記録ではないが、一列に一年分を書き、何年分も並べて
表示できるので、過去を振り返る際には、一覧となっており大変便利な
ものである。

　ときどき過去の記述に目をやると、３年前の今頃は四国までたびたび
行って活動をしていたなとか、この時期、いろいろなプロジェクトが重
なってしまい、処理が少し手抜きになっていたな、などといった過去の
活動や反省すべきこと、多少改善できているなと感じていることなどが
浮かび上がってくるのである。もちろん、書き置いておかなくても記憶
に残っている出来事はある。しかし、日々新しい体験をしていく中にお
いて、過去の事を思い出す機会というのは、書いておいたものを読み返
すこと以外、ほとんどないように思われる。

　では、仕事の場ではどうであろうか。私自身の業務の処理を振り返っ
てみると、例えばコンサルティング活動を実施した場合、その場その場
で考えたことをアドバイスしていくことも多いが、そのアドバイス内容
を記録して、その効果や成果を記録するというようなことはしてこな
かったのが実情である。もちろん、それぞれ状況が異なっているので、
記録しておいたことが他の事例で必ず役に立つということはないが、こ
れまでの経験から、共通している要素も少なからずあるように思うの
で、その意味では、残念ながら経験から学んでいないことになってしまっ
ている。

　日々の学長としての業務処理においても、状況は同様である。特殊な
案件ももちろんあるが、毎年、繰り返している案件の方が多い。それら
の案件を、どのように処理したかという経験を記録しておいたならば、
実際の結果と比較して、その適否、改善を要する点を少しは明確にでき
たのではないかと思う。

　なぜ記録しておかないのかといえば、第一の理由は面倒であるという
ことであり、次の理由としては、その場その場の対応でも、なんとかな
るという気持ちがあるからである。しかし、その都度ゼロから考えるよ

りは、過去の経験を踏まえて考えた方が、適切な結論、施策が生じる確率は間違いなく高くなるのである。メモをまめに取る人は仕事ができる、ということはよく聞くことである。経験を記録することの有用性を表す言葉であると思う。

## ●経験を振り返る

20年ほど前の話であるが、以前いた大学で就職支援を担当していたときに、就職実績を向上させる方策の一つとして、学生に対しての相談スキルを向上させようと考え、キャリアコンサルタントの資格を取得したことがあった。それが途中で国家資格に切り替わり、5年ごとに資格更新の手続きが必要となった。私自身、現在はその資格を生かした仕事には直接、関わっていないため、更新に必要な講習等を全く受講していなかったのであるが、今回、更新の時期になり、せっかく取得した資格をなくしてしまうのももったいないと思い、急遽、受講を開始したのである。

その講習の中で共通に出てくる言葉に、「経験代謝」というものがあった。経験代謝とは、日本キャリア開発協会がつくった造語である。同協会の説明によれば、「新陳代謝が肉体の健康・成長を支える生命体の機能ならば、経験代謝とは心の、つまり自己概念の健康・成長を支える機能を表す言葉として考えたものです。」とある。また、経験代謝においては経験が糧となり、新陳代謝が無自覚的に行われるものに対して、経験代謝は意識的な働きかけや条件が必要となると書かれている。ここでいう自己概念とは、「自分と自分を取り巻く世界をどのように捉えるか」ということである。

私が受講した講習には事前課題があり、小学校入学前から今日に至るまでを数年から10年間隔で区切り、それぞれの期間で心に残っている体験を記入し、その時にどのように感じたのかを記入するものである。相当前のことなので、なかなか思い出せないことも多かったが、小学校の時に引っ越しをして周囲の環境が大きく変わったこと、そしてそのこ

とによって重視する価値観も変わったことや、仕事をしている際に、どのような働き方を志向していたのかといったことなどがよみがえった。

　この作業をしてみて、自分の人生を振り返るという、なかなかない機会を得られたという感想に加えて、自分がその時に、どのように自分のことを捉えていたのか、また、自分の人生というものをどのように考えていたのかということが、少し分かってきたように感じたのである。

## ●経験を語る

　講習の中では、事前課題で書き出した自分の過去の経験を、他の人に話すという時間が設けられていた。過去の話であるから、相手も意見を言うこともなく静かに聞いていてくれる。そして、その体験について感じたことを話す際には、それを明確にするために、さまざまな角度からの問いかけを与えてくれるのである。この時に感じたことは、他人に話すだけで、相手が何も言ってくれなくても新しい気づきが得られるということと、さまざまな問いかけによって自分の気づきがより明瞭になり、学びが得られるということである。経験代謝のところで述べたように、経験をするだけでは代謝は起こらず、それを振り返ったり、そのことに対して問いかけられたりすることで、初めて自分のものになるということである。

　このことを大学で考えてみると、どうであろうか。会議は多すぎるくらい行われているように思われるが、各自の経験を語る場、経験に対して問いかけられる場といったものは、どの程度用意されているだろうか。例えば今、どこの大学でも学生募集活動の一つとして行われているものに、高校訪問という活動がある。高校の進路指導担当の先生と面会し、自学の教育内容や成果といった、自学への進学指導に役立つ情報を提供するために行われるものである。

　この高校訪問が成功したといえるためには、相手がある程度の時間を取って対応してくれた、メモを取るなど興味を持って聞いてくれたといった状況が必要となる。もちろん相手の状況に左右される面もある

が、訪問者の用意した資料や説明の仕方によることも少なくない。うまくいった経験、うまくいかなかった経験を振り返る機会を設け、その経験を他の人に話すこと、その経験に対して聞いている人からさまざまな問いかけがされることにより、代謝が生じることになるのである。

　ほかの業務においても同様である。学生の就職に関する相談への対応や、地域貢献事業の企画、実施といったさまざまな経験を、振り返り、語り、質問されるといった場を設けることにより、その経験が代謝され、気づきや学びが生まれてくるのである。それは、その業務を行った個人にとっての経験代謝となるだけでなく、組織としての経験代謝にもなるものである。このような仕組みをつくっていくことが、学習する組織となるためには不可欠なことである。

# 3　考えるとは

## ●考える仕事

　数年前になるであろうか、20年以内にAI（人工知能）が現在の人間の仕事の半分近くを奪うという予測が発表されて、話題になったことがある。確かに、まだ一部ではあるが、農業や調理、ホテルの対応といった分野では、すでにAIロボットの活躍は始まっているし、家庭内でも掃除ロボットが取り入れられてきている。科学技術が進歩することにより、なくなる仕事が出てくるというのはこれまでもあったことではあるが、今回はその範囲がこれまでに比べて格段に広いことから、自分の仕事は大丈夫だろうかという不安感も伴って、高い関心を集めたものと思われる。

　その際に、なくなる仕事の例として挙げられたものは、スーパーマーケットのレジ係やホテルの受付のように、単純な作業を繰り返す仕事とか、データの入力や会計処理といった、一定のルールに従って処理するような業務であり、なくなる理由はAIの方が圧倒的に正確で迅速に、

かつ休むことなく業務を処理できるからということである。

　またこのときに、「考える」ことが必要な仕事はなくならないから、日頃から考える習慣をつけなさいというようなことも、盛んに言われたように記憶している。では、考えるとはどのようなことをいうのであろうか。一般的に考えるという言葉が使われるのは、私たちが問題を解決しようとしている状態を指しているのではないだろうか。例えば、ある大学で退学者が多いという状況があり、その状況を改善しようとするときに、考えるという作業が発生することになる。

　この、「考える」という作業の中で行われていることは、これまで蓄積されてきた退学者の状況に関するデータをもとに、それに対して自分の持っている知識に裏づけられた基準を当てはめ、改善策を探るということになる。しかしそうであるならば、全国の大学において、学生が退学に至ってしまう状況のデータをAIに記憶させ、改善に至った事例と至らなかった事例をインプットさせることで、人間が考えるよりも迅速に、かつ適切な改善策を導くことができるのではないだろうか。以前、ある大学の医学部の教授が、病名の判断に関しては、AIの方が迅速かつ正確に行えると言っていたが、それと同じことであると思う。

　このことからすると、私たち人間にしかできない、「考える」ということは、問題を解決するという力ではなく、問題点を発見する力ということになるのではないかと考えられる。これは、データ等、まったく何もないところから、新たに問題点、課題を発見するという作業になるので、AIでは処理できないものであると思われるからである。とはいっても、現在の大学組織においては、課題を解決するために考えるというレベルの「考える」ということも、十分に行われていないという状況もあるように思われるので、そのことを徹底して行うことも不可欠なことであると思われるが、それだけでなく、皆が気づいていない問題、課題は何かということを発見するということも併せて意識していくことが、これからの大学経営においては、より大切なことになると思う。

　厳しい状況に直面すると、どうしても目の前に生じている問題の解決

に注力してしまい、その問題を生じさせている真の原因について考えることができないという状態、すなわち対症療法のレベルにとどまってしまっているという状況が多いように感じている。表面化していない問題点なので、意識することはなかなか難しいことではあるが、この課題発見ということに焦点を当てた働き方ができるならば、AIの活動領域が拡大する中にあっても、大学職員としての存在意義を示すことができることになると思う。

## ●考えるためには

だいぶ前のことになるが、キャリアカウンセリングやコーチングを勉強していた延長線上で、NLPというものを勉強したことがあった。NLPとはNeuro Linguistic Programmingの頭文字をとったもので、日本語では「神経言語プログラミング」といわれているものである。簡単に説明すると、我々の状態というものは、視覚、聴覚、身体感覚、嗅覚、味覚の五感によってつくられているので、過去の良い状態の時の五感を分析し、それを再現することで意識的に良い状態をつくりだす、すなわち、そのように脳をプログラミングすることで、人間の能力の最大化を図るというものである。スポーツなどでも活用されていて、調子の良かった時の身体の感覚等を分析し、それを意識的に再現させることでパフォーマンスの向上を図っている。

このNLPの学びの中に脳の三つの基本プログラムというものがある。その一つが空白の原則というもので、脳は空白な状態、すなわち、分からないという状態を嫌うので、疑問が与えられると脳は考え出すようになると説明されている。哲学者の東京大学教授、梶谷真司氏もその著書『考えるとはどういうことか 0歳から100歳までの哲学入門』の中で、「私たちは、『問う』ことではじめて『考える』ことを開始する」と、同じ趣旨のことを言っている。すなわち、考えるためには、そのための「問い」というものが必要となるのである。

そして前述の「考える」ということの意味から考えるならば、考える

ために必要とされる「問い」というものは、他者から与えられた問題解決のためのものではなく、何が問題でこのような状況になっているのだろうかということを考える、問題発見のための「問い」でなければならない。しかし、この問題発見のための「問い」というものを見出すということに関しては、学校でも社会でも教えられる機会、訓練される機会はなかったので、大変難しいことになる。

　では、どうしたら問題を発見するための「問い」を見出すことができるようになれるのであろうか。それは、すべてを疑ってかかるという姿勢を持つことではないかと思う。疑ってかかるためには、知識や常識というものは、かえって邪魔になってしまうことが多い。いったん、それらを捨てて、ゼロから考える、本質から考えるという姿勢が、「問い」を見出すためには必要ではないかと思う。

　また、問題解決の当事者であると、どうしても自分の目線で状況を判断し、それに基づいて考えてしまうことになりやすい。いったん、自分の立場を離れて、少し高いところから俯瞰してみる、すなわち客観的に見たならば今の状況はどのように見えるのかということを、想像してみることも大切なことである。

　例えば、ある大学の学生募集状況が芳しくないといった問題に対しての改善策を考える場合、当事者の視点で考えると、大学のことを多くの受験生に知ってもらう広報手段は何かとか、オープンキャンパスをもっと盛り上げるためにはどうしたらいいのかといったように、すでにある手法を中心に考えることになってしまう。また、それぞれの手段をバラバラに考えてしまうことになりやすい。

　これに対して、すべてを疑ってかかる、俯瞰して考えるということができるならば、受験生、高校生と大学を結びつけるための、新しい取り組み、それも受験・入学ということに限定されない、広がりのある取り組みはないか、逆に言うならば、これまでの受験生、高校生との関わり方に潜んでいる問題を、発見するための「問い」を見出すことができるのではないだろうか。

AI時代において、大学が学習する組織になるための大切な視点であるように思う。

## 4　問いを持つ

### ●正解のない時代

　これまでの時代は、ものごとには正解というものがあって、それを正確かつ迅速に見つけるということが、仕事をしていくうえでも求められることだったので、教育現場においては、そのような人を育てるということが目標とされてきた。そのため、小学校から大学に至るまで、座学という学習スタイルを用いて正解のある問題について考えさせ、答えを正しく、かつ早く見つけるための訓練を重ねてきたのである。

　これに対して、これからの「正解のない時代」には、決まった一つの答えではなく、最善の答え、皆が納得できる答えを見出せる力が重要であるから、そのような能力が身に付くような教育が必要であるといわれるようになった。このような状況に対応するため、大学だけでなく、小・中・高等学校でも、学習者が能動的に参加し、自主的に考える、アクティブ・ラーニングといわれる学習方法を導入することの必要性、重要性が唱えられるようになってきている。

　これまでの時代でも、すべてのことに正解があったかといえば、そうではないように思われるが、いずれにしても、諸事象の関係性がより複雑に、多様になることが予測されるこれからの時代においては、これまで以上に考えることが求められることになるのは間違いないことである。そして、その考えた結果の答えが正しいものであるかどうかは、実践してみないと分からないことなので、考えるということの中には、検証して、その結果に基づいて修正していくということも、含める必要があると思う。その意味では、既述の「仮説思考」と重なるものといえる。

　今、我が国の課題となっているもので、大学業界にとっても切実な問

題である少子化ということについても、どのようにしたら解決できるのかという正解はない。子どもが多いと教育費用等、家計の負担が多くなることが少子化の原因ではないかと考えて、財政的な支援策を新たに設けたり、子育て環境が整っていないことが原因ではないかと考えて、保育環境を整備したりしてきたが、結果としては残念ながら、まだ出生率の上昇には結びついてはいない。

　現在では、働き方改革ということで、労働時間の短縮化や働き方の自由度の増大といったことに取り組んでいるが、これも夫婦での育児を可能にし、子育ての負担の偏りを解消することで出生率の増加を図りたいという面も含んでいるように思われる。このように、成果に結びつくと思われる解決方法を見出し、それを実践し、結果を検証して修正していくという、ここでいうところの考える力というものが、これからの時代では重要なものになると思う。

## ●「問い」を持つこと

　このような状況は、大学業界においても同様である。これまで、大学の入学者の大部分として想定されてきた日本国内の18歳人口は、将来にわたって減少していくことは確実であり、その減少を補うものとして考えられた外国人留学生の数は増加してきてはいるが、増加し続けるかどうかは不確実であり、増加したとしても、大学側で教育の質を維持するための適切な受け入れ体制が整備できるかどうかは定かではない。

　18歳人口の減少状況からいえば、相当数の大学が消滅していくということが予測できるし、政策としての大学の統合ということもすでに始まっている。このような、先行きの見えない環境下にあって、各大学は自らの進む道を考え、選ばなければならないのである。社会の動向、対象となる学生の持っているニーズ、それらを正確に把握したうえで、どのような価値を与えることが大切なのかということを見出し、実践していかなければならないのである。まさしく、正解のない中での試みということになる。その意味で、考えることとは、必要とされる価値を創造

していくことであるといえる。また、正解をつくりだしていく試みともいえるのではないだろうか。

　このような状況下で必要とされることは、考えるためには「問い」が必要であり、その「問い」を自ら見出すことが重要であると述べたとおり、大学の教職員一人ひとりが考えるための「問い」を持つことである。私たちの脳は、省エネを志向する働きがあるといわれているので、エネルギーを必要とする、考えるという作業はなるべく避けようとする傾向がある。このため、習慣になるまでのしばらくの間は、意識的に考えるための「問い」をつくることが必要となる。

　そしてそのためには、面倒なことではあるが、すべてのものを再点検することが大切なこととなる。私が勤務している短期大学は、同志社大学を創設した新島襄の教育理念を受け継いでいる学校なので、キリスト教主義の教育を実践しているということを標榜している。そしてその具体的な内容としては、週に一度、キリスト教の教えを学ぶチャペルアワー（礼拝）を実施していること、キリスト教入門など、いくつかのキリスト教関連の授業を必修科目として配置していること、イースターやクリスマスなどのキリスト教の行事が行われていることなどが挙げられる。

　もちろん、これらの活動により、キリスト教の教えから自分の人生にとって有用な気づきが得られるということもあるとは思うが、学生や卒業生に対してのアンケート結果を見てみると、否定的なコメントも少なくないというのが実情である。これは大学の規模等にも左右されることではあるが、宗教色をあまり強く打ち出さない状況であれば、反発等は少ないが影響も少ないものになりがちである。建学の精神の中心としてキリスト教主義教育が謳われている学校であれば、おそらくは、そのことをある程度強く打ち出した教育を展開していくことが想定されていたと思われる。ここを、どのようにしたならば、建学時の理念をより効果的に展開できるようになるのかという「問い」が、今、私の持っている「問い」の一つである。これを一年間かけて考え、仮説を出して検証し

ていきたいと思っている。

## ●組織の問いを持つ

　大学の教職員一人ひとりが「問い」を持つという状態が、これからの大学の進むべき道を考える際には必須となることではあるが、組織全体を変えていくためには、個人の「問い」だけでなく、組織としての「問い」を持つことが大切なこととなる。前述のキリスト教主義教育の効果的な展開ということも、組織全体の「問い」としていかないと、組織としての活動につながっていかないことになる。

　大学を取り巻く環境が良好だった時代においては、大学という職場は働く人にとって優しい職場であったように思う。それが、18歳人口の減少と、それにもかかわらずの大学数の増加といったことなどにより、大学も厳しい競争環境にさらされるようになり、職場内にも評価といった競争環境が持ち込まれるようになった。それは適切に働くうえで必要な要素であるといえる面もあるが、そのような中で、協力し合える、一体感の持てる働き方というものを模索していくことも急務となっている。このことも、組織の「問い」としていく必要がある。

　大学という組織の「問い」を解決していくためには、教職員相互の対話を通して考えるということが不可欠となる。対話に参加することで、組織の「問い」が教職員一人ひとりの「問い」となり、適切な解決策を見出すために、組織の構成員としての協働が始まることになると思う。

## ●問いを持つためには

　大学の教職員一人ひとりが「問い」を持つということと、組織としての「問い」を持つということが、これからの大学の進むべき道を考える際には必須のことになると述べたが、では個人や組織の問いというものをどのようにして見出したらいいのか、また、どのようにしたら組織の「問い」を教職員で共有できるのかについて、引き続き考えてみたい。

　「問い」を持つということは、その前提として解決したい、あるいは

解決しなければならない課題の存在を感じているということである。そして、ある事柄を課題として感じているということは、強弱の程度はともかくとしても、その課題を解決しなければならないという意識を持っているということである。そうであるとしたら、慣れ親しんだやり方を、特に考えることなく続けてしまっているというケースが多い日常の業務処理においては、もっと効率的にできないかという「問い」を持つことは、なかなかできないことであるといえよう。

　あることを課題として感じ、どのようにしたら解決できるかという「問い」を持てない理由としては、そもそも気がつかない、あるいは面倒であるといったこともあると思われるが、課題を解決しようという意欲、すなわちチャレンジ精神がないということも、その一つであるのではないだろうか。人間の行動というものは、自己イメージによる制約を受けるといわれている。自己イメージとは、自分が自分自身のことを、どのような人であると捉えているかということである。この自己イメージが高い、あるいは優れたものであると、自分なら何とかできるのではないかと思えるので、課題等に対しても、チャレンジするという行動が生じやすくなるのである。

　反対に、この自己イメージが低い、あるいはあまり優れたものでない場合には、自分には無理だろうと考えてしまい、チャレンジすることをあきらめてしまうのである。例えば、目的地に向かう途中に、橋のない幅４メートルくらいの川があったとする。この川を跳んで超えようという行動が生じるかどうかは、自分は身体能力が高いという自己イメージを持っているかどうかで決まることになる、といった具合である。

　自己イメージは何からつくられるかといえば、一つは他人からの評価、二つ目は自己の体験、そして三つ目は、心の中でささやかれる自己対話からつくられると言われている。そうであるならば、自己イメージを変えていくためには、これらの三つのものに手を入れていくことが必要となる。ただし、三つ目に挙げられている自己対話については、他人からの評価や自己の体験によってつくられる自己イメージに基づいて発

せられることが多いので、自己イメージを良いものに変えるためにまず
行う必要があることは、他人からの評価を高めること、そして自己の体
験を良いものにしていくということになる。

## ●自己イメージを高める

　自己イメージを高めることになる、他人からの評価を良いものにして
いくためには、評価されるべき行動が求められることになる。このよう
な行動が自発的に生じてくれればいいのであるが、自己イメージがあま
り高くないため積極的な行動が生じないという状況があるということを
考えると、いきなり、それを期待することは難しいことといえる。

　このような状況を改善していくためには、まずは新しい業務に取り組
む機会を設定することが必要である。例えば、あるプロジェクトチーム
のメンバーに入ってもらう、といったことでもいいと思う。そして、そ
こでの活動を観察し、少しでも頑張っているところがあれば、それを評
価していくのである。また、定期的に進捗状況を聞く機会を設けて、期
待感を伝えていくことも大切なことである。このような状態が続いてい
くと、徐々にではあるが自己イメージは向上し、やがては積極的な行動
が生じるようになるのである。

　また、自己イメージを高めるために必要とされる、もう一つの要素で
ある、自己の体験を良いものにするということを実現させるためには、
体験の機会が数多く得られるような風土、すなわち積極的なチャレンジ
を良しとする風土をつくっていくということも、必要なことになる。多
くの体験ができることで、成功体験を得る可能性が高まるということも
あるし、たとえ失敗したとしても、そこから学ぶことで自己イメージを
高めることもできるからである。

　大学という組織の風土は、どちらかといえば保守的な面が強いところ
なので、チャレンジして失敗する人よりも、無難に仕事を進める人の方
が評価されやすいという傾向があるように思われる。しかし、それでは
課題を認識し、どうしたらそれを解決できるかという「問い」を持ち、

それにチャレンジし、状況を改善していこうという意欲を持つ人が育たないことになってしまう。

　サントリーの創業者である鳥井信治郎氏は、「やってみなはれ」が口癖だったという。何事も、やってみなければ分からないということで、社員からの提案に対しては、すべて「やってみなはれ」と返していた。そのことにより、チャレンジしての失敗は是とするが、チャレンジしないことを非とするという、同社の風土がつくられたのである。洋酒メーカーとして創業されたサントリーを、今では飲料全般にとどまらず、食品、外食、花や野菜、水資源など、さまざまな分野を手掛ける企業に発展させていったのも、この「やってみなはれ」精神が原動力であったように思われる。

　大学も、教職員がチャレンジしやすい風土をつくり、その中でのチャレンジに対して肯定的な評価を与えることで教職員の自己イメージを高め、「問い」を持ち、その解決に向けて行動していくことのできる教職員を増やしていくことが、組織としての学習する力を高めるためには求められることになる。

## ●組織の問いを見出す

　大学組織が一体となって考えていくためには、個人の「問い」とは別に、組織としての「問い」を持つことが必要となる。では、それをどのようにして見出していけばいいのだろうか。組織としての「問い」を見出すのは、組織を動かしていく権限と責任のある、経営陣の仕事となる。組織としての「問い」は、組織を動かしていく原動力となるものであるから、どのようなものでもいいということでなく、それを解決することで良い状態が得られるようになる、適切な「問い」を設定することが求められることになる。

　組織の「問い」には、二つの種類がある。一つは、どのような姿、在り様の大学を目指したらいいのだろうかという「問い」であり、もう一つは、そのような大学になるためには、どのようなことをしたらいいの

だろうかという「問い」である。言い換えるならば、計画に関する「問い」と、実行に関する「問い」ということである。この2種類の「問い」を、内容ごとに具体的な「問い」に展開していくことで、考えるべきことと、なすべき行動が明確になってくるのである。

　どのような姿を目指すべきかという「問い」に関しては、組織の方向性を決めるものであるから、経営陣が中心となって考える必要があるが、それをどのようにして実現していくのかという「問い」に関しては、現場の教職員の知恵を活用することが不可欠である。このプロセスがないと、教職員は当事者意識を持つことができず、実行に対しての意欲が低いものになってしまうからである。


# 5　問いを共有する

## ●組織の問いを共有するためには ─────────

　学習する組織となるためには、組織としての問いを持ち、それを組織として考えられるような状況をつくっていく必要がある。組織の「問い」には二つの種類があって、一つは、どのような姿、在り様の大学を目指したらいいのだろうかという「問い」であり、もう一つは、そのような大学になるためには、どのようなことをしたらいいのだろうかという「問い」であると述べた。そして、いずれの「問い」についても、それを組織としての「問い」としていくためには、大学という組織の構成員である教職員が、その「問い」を共有することが必要なこととなる。

　大学の目指すべき姿、そしてそれをいかにして実現していくのかという「問い」を、どのようにしたら教職員が共有できるようになるのだろうか。この二つの「問い」に関しては、経営陣がその責任において考えるべきことではあるが、経営陣だけで考えるという状態では、組織として考えている状態とはいえない。もちろん経営陣がリーダーシップをとる必要はあるが、教職員も共に考えているという状態をつくり出すこと

が重要である。それが、組織として「問い」を共有しているということになるからである。

　組織の構成員である教職員に「問い」を共有させるためには、そもそも各自がその「問い」を共有しなければならないという意識を持つことが不可欠である。そのために最も大切なことは、教職員一人ひとりに当事者意識を持ってもらうということである。当事者意識を持ってもらうためには、参加してもらうことが大切であるということがよくいわれているが、それだけでは十分ではないように思われる。

　当事者意識という言葉を辞書で調べてみると、「自分自身が、その事柄に直接関係すると分かっていること」と説明されている。自分に直接に関係することとはどういうことかといえば、そのことの推移によって自分が影響を受けるということである。例えば、厳しい状況にある大学を立て直そうとする際に、自分、あるいは自分たちが立て直さないと自分たちが悪い状況に陥るということを認識しているということである。

　普通に考えると、大学がそのような状態になっているならば、何とかしないと自分に悪い影響が生じるということは、多くの人が意識できることのように思われる。しかし実際は、そのような危機感を感じている人は、むしろ少数であるというケースが多いように感じている。私が以前所属していた大学が、開学してすぐに定員割れとなった時でも、そのうち回復するからといって、全く危機感を感じていなかった人たちも、少なからずいたのである。

●自分ごととするためには ━━━━━━━━━━━━━━━━━

　なぜ危機感を感じにくいのかといえば、それは状況を正確に認識できていないからであり、かつ、その状況が続くことにより、どのような事態となっていくのかということが推測できていないからである。私自身は、その当時、学生募集の最前線にいたため、自分の大学が市場からその存在意義が認められていないということを、関係者とコミュニケーションを取るたびに、ひしひしと感じさせられたのであるが、自ら体感

するのでなく、他者からそのような状況を説明されるだけの立場であると、なかなか危機感は持てないものである。

また、人間には正常性バイアスといわれるものが備わっているため、危機的な状況が起きていても、自分だけは大丈夫という、根拠のない楽観的な意識を持ってしまうといわれている。新型コロナウイルスの感染拡大が続いていても、会食やカラオケを楽しんでしまう人がなかなか減らないのも、このバイアスによるものである。どんなに厳しい環境になっても、自分の大学がつぶれることはないだろうと考えてしまうのである。

このような状況を変えていくためには、現在の状況を教職員で正確に共有し、このままでは危機的な結果が生じる可能性が高いということを、きちんと認識してもらう必要がある。そのためには、抽象的な表現でなく、具体的な表現で状況を伝えていくことが大切である。例えば、会場形式の進学相談会に参加した場合であれば、自学はあまり人気がなかったというような伝え方でなく、全体の来場者が何人で、そのうち自学のコーナーに相談に来た高校生は何人であった。それに対して、競合校であるＡ大学には何人、Ｂ大学には何人の高校生が相談に訪れていたというように、具体的かつ詳細に伝えていくということを心掛けることが、状況の共有を図るためには大切なことになる。

そして、共有した状況から考えられる今後の状況を、具体的な数字を用いて推定し、それに基づいた収支を計算することで、危機的な将来を全員に体感してもらうことも大切なことである。それでもまだ危機感を抱かないという人もいるだろうが、危機感を感じる人が増えていくことで、この状況を改善するためにはどうしたらいいのだろうかという、組織の「問い」の共有度合いは確実に高まることになると思う。

## ●明るさを示すことも

当事者意識を構成する、自分に直接に関係することとは、当然ながら悪い影響だけではない。この状況を変えていくことで、明るい将来が開

ける、自分にとって良い状態が生まれるといったことも、自分に関係することになる。人は危機感を感じることで、強い行動エネルギーが生じるが、それは少し状況が落ち着くと弱いものになってしまう。また、危機感をあおってばかりでは、雰囲気も暗いものになってしまう。このため、危機感を感じさせるだけでなく、良い状態が来るという、明るさを感じさせることで、行動のエネルギーを生じさせることも併せて必要となる。

　良い状態とは、危機的な状況から抜け出ることにより、大学の経営が健全な状態となり、教職員の生活も安定するといったことだけでなく、自分たちの活動が社会から評価されている、学生からも感謝されているといったように、社会や関係者に貢献できているということも含むものである。これを感じさせるためには、大学内の各部門で生じた成果や、感謝されたこと、評価されたことなどを、どんな些細なことでもいいので情報として共有することが大切である。

　状況の改善は一足飛びで進むということはなく、少しずつ進んでいくものであるから、状況の変化に関しての感度を高め、それを教職員で共有していくことで、初めて明るさを感じることができるのである。また、各個人の働きが認められるということも、その人にとってみれば明るい状況ということになるので、管理者は部下の働きをよく観察し、少しでも組織への貢献が感じられることに対しては承認のメッセージを送ることも大切であるし、教職員同士が、お互いの貢献を認め合うといった風土づくりも大切なこととなる。

　このように、明るさの感じられる客観的な変化を逃さず感知し、それを皆で共有すること、そして自分たちがつくりだしている明るい変化を、皆で認め合うということで、この活動は自分に直接に関係するものである、自分にとって有用な活動であるということが体感できるようになるのである。

　状況を常に正確に認識することで適切な危機感を持ち、それを明るいものに変えていくための活動を自分ごととして行っていくとき、おのず

と組織の「問い」は共有されることになると思う。

# 6　失敗から学ぶ

## ●大学での失敗

　失敗から学ぶことを考える「失敗学」というものが、東京大学名誉教授の畑村洋太郎氏の提唱によってつくられている。畑村氏の著書『失敗学のすすめ』によれば、失敗とは「人間が関わって行うひとつの行為が、はじめに定めた目的を達成できないこと」となっている。そして「失敗学」の趣旨として、失敗の特性を理解し、不必要な失敗を繰り返さないとともに、失敗からその人を成長させる新たな知識を学ぼうというものである、と書かれている。

　なぜ失敗から学ぶことが大切なのかといえば、失敗は本人にとってみれば不名誉なことであり、強く記憶に残ることなので、その機会を捉えて原因を認識させることによって、次の挑戦に活用できる知識や知恵を得ることができる可能性が高いからである。「失敗は成功の母である」といった言葉も、このことを端的に表したものといえよう。失敗は、特に新しい挑戦を行う際には、避けられないものである。それゆえ、失敗から学べるような組織としていくことが、学習する組織となるためには大変重要なことになる。

　大学において、失敗の扱われ方はどのようになっているのかを考えてみた。前述の失敗の定義によれば、所期の目的を達成できなかった人間の行為が失敗ということであるから、例えば、入学者が予定していたよりも集まらなかったとか、就職内定の状況が思ったほど良いものにならなかったといったことも、失敗ということになる。では、大学において、それらの出来事は失敗として扱われているだろうかというと、担当者個人の気持ちは別として、周囲から担当者、担当部門の失敗といった評価が改めて与えられるということは、あまりないように思われる。

その理由として考えられることは、企業の営業担当者の売り上げ等とは違って、多くの要素が関わってその結果が生じているため、担当者の責に帰しにくいという事情があるからであろう。例えば、入学者が少なかったという結果についていえば、募集を担当している職員の説明が上手くなかったとか、高校の先生との間に信頼関係を築けなかったなど、その職員の責任となる要素もあるが、それ以上に、学生を成長させるような教育活動が展開できていない、各種の支援が不十分で学生満足度が低いといったこと、そしてその結果、大学自体の評価が高くないといった要素の方が、結果に与える影響が大きいからである。

　もうだいぶ前のことであるが、金融機関出身で私立大学の事務局長に就任した人が言っていた言葉が記憶に残っている。それは、大学というところは状況が悪化しても、その責任を誰も取らないところだということに驚いた、というものであった。その意味では、大学の場合、故意または重大な過失に基づく失敗でない限りは、失敗と評価されることは極めて少ないということである。

　ただし、それには例外がある。指示も命令もされていない新しいことを実行し、それが上手くいかなかった場合である。その場合は、誰のせいということが明確になるため、失敗と評価されやすいということである。しかし、それでは新しいチャレンジが生まれにくい風土となってしまう。このようなチャレンジしての失敗に対してこそ、失敗というマイナスの評価ではなく、プラスの評価を与えることが、失敗から学べる組織となるためには、大切なことであると思う。

## ●失敗から学ぶためには

　当たり前のことであるが、失敗から学ぶためには、その行動が失敗であるという評価が与えられることが必要となる。失敗と評価されないならば、振り返ってその原因を探ろうということにならないからである。しかし、大学においては、前述のように失敗が明らかにならないという事情がある。それはその原因を、担当者、もしくは担当部門のみに帰せ

られないからということである。すなわち、失敗イコール、責任を取らされるという構図となっているためである。

　しかし、失敗から学べるようにするためには、失敗をそのように負のイメージのみで捉えるのでなく、学ぶことのできる絶好の機会であるというように、プラスのイメージで捉えることが重要である。失敗を、責任を問うといったことではなく、学びの機会とするというように考えるのであれば、前述の学生募集が順調でない、就職状況が芳しくないといったことも、大学組織としての失敗と位置づけることができるのではないだろうか。

　問題は、個人や部門の責任をあいまいにしてしまうということではなく、振り返って原因を探る機会を逸してしまうということである。大学を良い方向に変えていこうとする際には、責任の所在が明白であるような例外的な場合を除いては、失敗を大学組織としての失敗と捉えて、全員で原因を把握し、それを改善につなげていく方策を見出していくことが大切である。

　もちろんその前提として、大学におけるさまざまな活動の結果を明白にするということが求められることになる。諸活動の結果について、大学組織として正確に把握し、それを共有するということができていなければ、どれが成功で、どれが失敗したのかが分からないままになってしまうからである。

　状況が悪化している大学が共通に持っている傾向として、さまざまな活動の結果がどうだったのかを、きちんと把握していないということがある。大変な状況であるということは分かっているので、いろいろなことを行ってはいるのであるが、結果を明らかにしていないため、失敗から学ぶということができていないのである。いろいろなことを試行することは、もちろん必要なことであり、大事なことであるが、上手くいかないことの方が多い。しかしそれは、見方を変えてみれば、豊富な学びの機会が与えられているということになる。これを生かすことができれば、必ずや改善が進んでいくことになるのである。

## ●失敗を記録する

　また、失敗から学ぶためには、その失敗を記録しておくことも大切なことである。記録しておくことで、同じような状況になった時に、失敗の再発を防ぐことができるからである。どのようなことを記録すればいいのかといえば、まずは失敗した活動の経緯を詳しく書くことが求められる。報告書の場合、分かりやすく書こうとすると簡素化された記述になりがちであるが、そうであると失敗の状況を正確に把握することができないおそれがある。そうなると、また同じような状況が起きた時にも、具体的な対応を考えることが難しくなってしまい、活用されにくいものとなってしまう。

　失敗を客観視するために記録するという面はもちろんあるが、将来的に活用できるものとすることが、失敗から学べるようにするためには不可欠なことである。そのためには、客観的な記述だけでなく、その当時、担当者がどのようなことを考えてその行動を行ったのか、それに対しての周囲の人たちの反応はどのようなものであったのかといった、当時の状況が再現できるような記述としていくことが重要である。

　次に記録すべきことは、経緯から抽出された失敗の原因である。これも一つ、二つに無理に絞ることなく、考えられる原因をすべて記述することが、将来の活用のためには有用な記録となる。そして最後は、どのような改善策を採ったかということと、その後の状況の変化についてである。これらが記録されたものは、将来の糧となる失敗ストーリーとして語り継がれるものになる。

## 7　マニュアルの効用

## ●マニュアルをつくる

　マニュアルという言葉の意味を調べてみると、「使用説明書、取扱説明書、手引き書。作業の手順などを体系的にまとめた冊子の類」となっ

ている。ビジネスの現場でマニュアルといった場合は、最後に挙げられている「作業の手順などを体系的にまとめた冊子の類」を指すことが多いと思われる。学習する組織といえるためには、組織内の有益な知識や経験を蓄積し、活用することが求められる。そのために、よく用いられているのが、このマニュアルというものである。

　大学の場合でいえば、経理処理、教務関係の事務など、定型的な業務に関してつくられている例が多いと思う。例えば給与計算という業務であれば、いつ、誰が、どのようなデータを入力し、計算し、出力していくのかという、作業の手順がマニュアルに書かれることとなる。もちろん、長く当該業務を担当している場合であれば、わざわざマニュアルをつくらなくても困ることはないという状態であると思われるが、それでもマニュアルがあった方が、漏れなく、かつ迅速に業務を遂行できるというメリットがあることになる。

　私自身、以前勤めていた大学で入試、広報、就職部門を担当していた時には、マニュアルをつくったことで省力化できたことが数多くあった。当時、大学内に企業を100社程度集めて、学内企業ガイダンスを実施していた。何年も実施しているので、大まかな流れは頭に入っているので、マニュアルなしでも進められるのであるが、あると機械的に進められるし、準備等で漏れが生じることもないので、次ページのような簡単なマニュアルをつくって実施していた。

　オープンキャンパスといったイベントの際にも、同様なマニュアルをつくって、準備が効率よく、漏れなく進められるように工夫をしていた。ただし、オープンキャンパスの最中においての来場者対応に関しては、分からない質問を受けたら担当職員に連絡することなど、マニュアルに盛り込めることもあるが、すべての状況を予想することはもちろんできないことなので、その場での、マニュアルに書かれていない臨機応変な対応が求められることになる。

　これは、高校訪問といった活動でも同様であった。必要なことが漏れなく、同じ内容で話せるようにということで、高校訪問用の説明資料を

| 業務名　合同企業ガイダンス（学内開催） | | | | | |
|---|---|---|---|---|---|

実施日程　○月　　○日　　　○時　〜　○時

| | | 作業内容 | 備考 | 確認 |
|---|---|---|---|---|
| ○か月前 | ○月　○日頃 | 企業へ参加依頼文書発送 | | ☑ |
| | | レンタル業者に備品手配 | テーブル、椅子 | |
| ○週前 | ○月　○日頃 | 学生アルバイト手配 | 男子 10 名、女子 8 名 | |
| | | 3 年生授業欠席の連絡 | 外部講師には郵送 | |
| 1 週間前 | ○月　○日 | 未回答企業へ確認 | | |
| | | レイアウト図作成 | | |
| | | 昼食の弁当手配 | 120 個　○○弁当 | |
| | | 手土産手配 | 100 個　○○クッキー | |
| | | | | |

つくっていた。そこに、入試の変更点、資格取得の状況、就職実績といった伝えたいことを載せていたが、対応してくれる高校教員に時間の余裕があるかどうかや、興味関心のある点の違いなどにより、すべてを同じように説明することによって、かえって効果的な高校訪問にならないという可能性もある。このような場合にも、機械的な対応ではなく、相手の状況に応じた臨機応変な対応が不可欠となる。

## ●臨機応変な対応を可能とするためには

　学習する組織となるためには、マニュアルで対応できない状況に対して、各人が適切な対応を取れるようにしていくことが大切なこととなる。よく笑い話として話されているが、ハンバーガー屋さんへ少年野球のマネージャーが買い物に行き、選手全員の分である数十個のハンバーガーを注文したところ、お持ち帰りか店内で食べるかを尋ねられたという。私も以前、夜にファミリーレストランに行ってワインと料理を注文したところ、「ドリンクバーはいかがですか」と聞かれたことがある。

もちろん、ワインとソフトドリンクを合わせて飲むことも可能ではあるが、通常では、あまり考えられないことである。

　マニュアルは、業務処理の効率化、標準化をもたらすものではあるが、マニュアルで対応できるのは、同じ業務であれば状況は同じであり、その対応も変わらないという、機械的な計算業務や、イベント等の準備業務に限定される。相手の状況がさまざまであるため、こちらの対応もそれに応じて変えていく必要がある業務に関しては、マニュアルですべて対応することはできないし、すべきではない。

　では、非定型的な業務に関しては、すべてを対応者に頼らざるを得ないかといえば、それも適切な対応とはいえない。これまでの当該業務を振り返り、適切な対応となっているものや、現在の状況を踏まえて予想される変化への対応に関しては、マニュアルに盛り込むことが必要となる。問題は、それ以外の状況に関する対応である。このような場合に求められることは、その組織の在り方から外れず、かつ、対応者の裁量を生かすことができるような、行動指針を定めることであると思う。

　高い顧客満足度で有名なホテル、「ザ・リッツ・カールトン」では、クレドといわれる行動指針があり、その中の一つに「お客様が言葉にされない願望やニーズをも先読みしておこたえするサービスの心」ということが謳われている。そしてその実現のために、各従業員に一日当たり2000ドルを使用できる裁量権が与えられている。その一つの例が、結婚記念日に宿泊しようとした夫婦が、やむを得ない事情でキャンセルした時の話で、落ち込んでいた夫婦のもとに、ザ・リッツ・カールトンホテルからシャンパンとグラス、焼きたてのクッキー、バスローブ、それに加えて従業員からの祝福のカードが届いたというものである。

　まさに期待を裏切らないサービスというようなレベルではなく、想定外の、感動を呼び起こすレベルのサービスといえよう。そして「ザ・リッツ・カールトン」では、このような優れたサービス事例が全従業員に迅速に伝えられ、共有が図られているという。失敗から学ぶだけではなく、成功からも学ぶ事例といえる。

競争環境の激化が増す大学業界においても、学生満足度の向上を図ることは、最重要課題の一つとなっている。そしてそのためには、表面に現れていない、学生や受験生等のニーズや課題を洞察し、それに対応していくことが求められることになる。それを可能にするために必要なことは、その大学の教職員としての行動指針を明確にし、その範囲内で教職員に裁量権を与えることである。裁量権は人の成長に不可欠なものであり、それは学習する組織にとっても有用な機能を果たすことになる。

　そして、その中でのさまざまな対応事例を批判することなしに点検し、優れた事例を蓄積していくことが、教職員の適切な対応力を強化することになり、高い学生満足度を生み出すという、有用なサイクルを生じさせることになるのである。

# 8　PDCA サイクルを回す

## ●PDCA サイクル

　私立学校法の改正により、私立大学も中長期の計画を策定することが義務づけられたことから、中長期計画策定に関する研修や論述等も多くみられるようになった。この中長期の計画を実効化あらしめるために不可欠なものが、PDCA サイクルといわれるものである。PDCA サイクルとは、Plan（計画）、Do（実行）、Check（評価）、Action（改善）の頭文字をとったもので、組織が策定した目標を達成するための、マネジメントサイクルの一つである。

　私も十数年前になるが、PDCA トレーニングコースという研修を受講したことがあった。PDCA は、その頃に盛んに使われていた言葉であったので、比較的新しい概念と思っていたが、1950 年に品質管理の専門家であるアメリカのエドワード・デミング氏が、日本で行った講演から使われ始めたということなので、すでに 70 年の歳月を経ていることになる。それが、1990 年代初頭からの「失われた 20 年」と言われ

る厳しい経営環境下において、再び注目されるようになったものである。

　PDCAサイクルを大学の中期計画に当てはめて考えるならば、まずは計画を策定することに始まり、その計画を実行してみる。そしてその結果を明確にし、遂行の状態を評価する。上手くいかなかったところについては、改善策を策定し、実行計画を修正するという流れとなる。先行きが不透明で、変化の激しい今日、計画どおりにいかないケースも少なくないと思われるが、それをそのままにするのでなく、失敗から学び、将来に生かすためのサイクルである。また、結果をきちんと検証することで、うまくいった場合からも学び、他の事柄への応用を可能にするものでもある。まさに学習する組織にとって、大変重要なマネジメントサイクルといえる。

　私の短期大学でも、大学の業務を分担している教務、学生、就職といった各委員会において、年度ごとに目標を設定し、そのために必要な活動を実施し、その結果を明確にし、年度末に評価を行い、改善策を次年度の計画に盛り込むということを実践している。このマネジメントサイクルが十分に機能して、着実に状況が改善されているかといえば、残念ながら本当に遅々とした改善といった状況である。なぜそうなのかといえば、教職員の数が非常に少ないため、教育・研究や通常の業務処理以外に割ける時間的余裕が少ないのである。このため、目標達成のための行動量が十分でなく、予定していた活動が未実施となってしまうという状況が生じているのである。

## ●PDCAサイクルを回すためには

　PDCAサイクルを円滑に回らせるためには、それぞれのプロセスで必要な留意点がある。まずはPlan（計画）のプロセスであるが、計画が組織の目指すべき姿と整合しているかどうか、ということである。これが整合していれば、実行にあたる人たちのモチベーションも高まるし、他部門の協力も得やすくなる。

　また、目標が具体的であるかどうかも、重要なポイントである。目標

が具体的でないと、なすべき行動も明確にならないし、達成状況の評価も適切にできないからである。その意味では、よく計画の記載として使われている○○の充実とか、□□の強化といった表現ではなく、○○に関しての学生満足度何パーセント以上といった具体的な表現とすることが重要なこととなる。

　次は、Do（実行）のプロセスである。ここでのポイントは、やり尽くすことである。どのような活動が成果に結びつくかは、やってみないと分からない。そうであれば、良いと思うことは何でもやってみることである。私が以前、所属していた大学が定員割れからの回復を図る際には、細かいものまで含めると20種類ぐらいの、さまざまなことを試してみた。どれがどの程度、成果に結びついたのかは明らかではないが、全く無駄だったものはないように感じている。

　実行するというプロセスでは、一般的な観念で「実行した」と評価される程度の行動量で良しとしてしまうケースが多いように思う。何がしかのプラスになると思われる活動であれば、取捨選択するとか優先順位をつけるといったことを考えるよりも、とりあえずやってみるという姿勢の方が、成果を生み出す早道ではないかと思う。

　前述のとおり、私の短期大学でも目標達成のための行動量が少なくなってしまうという状況があり、それはマンパワー不足によるものなので仕方ないという解釈になりがちであるが、まずは行動してみるという姿勢が弱いという事情もあるように思う。特に大学という組織の場合、なすべき行動を選択するための話し合いの時間が長いように感じている。ある程度、考えることはもちろん大切なことではあるが、成果に結びつくかどうかは、やってみないと分からないのであるから、検討にかける時間よりも行動量を増やすことを優先した方が、状況の改善につながりやすいと思われる。私の知る限りではあるが、大学のPDCAサイクルを適切に回すためには、このDo（実行）のプロセスがポイントになると思う。

　三番目は、PDCAサイクルの中で、一般的におろそかになりがちと

言われる、Check（評価）と Action（改善）のプロセスである。私の短期大学での、委員会活動の PDCA サイクルに関しても、活動結果に対しての検証、評価、そしてそれに基づく改善策の策定というサイクル、中でも Action（改善）のプロセスを回すことが十分にはできていない状況である。これには、目標として設定されている学生募集状況や就職状況、学生満足度等の結果が出るのが年度末であり、それを見てから次年度の目標策定という改善策を立てるため、時間的な余裕がないこと、そして、改善策に関しても当該委員会が策定するため、新しい視点が入りにくいという事情があった。

　この状況を改めるべく、今年度は年度途中で 2 回、全学的な状況点検を委員会間の連携・協働も含めて行うこと、そして、より良い改善策を見出すことができるようにするため、当該委員会だけでなく、全体的な協議・検討の場を設けることにしたのである。

　Check（評価）のプロセスで特に留意すべきことは、目標を達成できたのかどうか、どの程度達成できたのかという客観的な状況だけでなく、なぜできたのか、なぜできなかったのかという理由を明確にすることである。例えば学生募集の計画であれば、80％の達成状況であったということだけでなく、なぜ 20％未達であったのか、その理由を考え、できるだけ多く挙げることが大切である。そうすることによって、次のプロセスである効果的な Action（改善）が考えやすくなるからである。

　また、このプロセスでは、これまでの見方や考え方にとらわれることなく、多面的、多角的に検証することが求められる。特に目標未達の状況が継続しているような場合には、新しい観点からの検証が加わらないと、これまでと代わり映えのしない改善策しか出てこないことになるからである。

　最後の Action（改善）のプロセスで特に留意すべきことは、成果につながらないことが明らかと思われる活動は別として、原則、これまでの活動は継続しつつ、新たな改善策を加えるようにすることが必要である。もちろん際限なく活動を増やすことは不可能であるが、どの活動が

成果にどの程度結びついているのかは分からないことなので、入れ替えではなく、追加していくことが重要である。複雑化、多様化する状況に対応できる活動量が肝要となる。

## ●PDCA サイクルの回し方

　PDCA サイクルを回していく場合、まずは Plan（計画）から始めていくという方法が一般的であり、環境がそれほど厳しくなく、変化も少ない状況であれば、その方が望ましいといえる。しかし、現在の大学を取り巻く環境のように、厳しい方向に、比較的早いスビードで変化が進むような状況においては、あれこれと Plan を考えるよりも、いいと思われることをまず実行してみるという姿勢が重要なものになる。

　素材の良さとシンプルなデザインで人気を集めている「無印良品」を経営する良品計画は、かつて巨額の赤字を抱えて再生不能と言われた時期があった。そこからの回復をリードした、前会長の松井忠三氏が書いた『無印良品の PDCA』という本がある。その中で、社長に就任してまず行った大きなことは、売価で約百億円の不良在庫の処分であったと書かれている。まずは不良在庫の処分を行い（Do）、その後で、なぜこのような不良在庫を抱えることになったのかを検証（Check）し、改善策（Action）を見出すようにしたのである。

　前述のとおり、大学で PDCA サイクルを回す際に最も課題となるのが、この Do のプロセスであるから、大学の場合も PDCA ではなく、DCAP とすることが、速やかな改善につながりやすいように思う。ただし、ここで問題となるのが、この Do のプロセスをいかにして動かしていくかということである。とにかく行動すれば、必ず成果に結びつくから実行しましょうと、声を大にして教職員を鼓舞したとしても、それだけで行動が生じるわけではない。

　では、行動が生じない理由は何であろうか。それは、大学の場合、行動の期限が明確でない、行動したかどうかが確認されていないということにあるように思われる。私が学長に就任して以来、毎月の発行をお願

いしている印刷物がある。当初は、ほぼ月１回のサイクルで発行されていたのであるが、ある時、そういえば最近、その印刷物を見ていないなと気がつき、担当者に聞いたことがあった。すると、急ぎの業務があったため、先送りしているうちに、行動すべき事柄から外れてしまったとの答えであった。それからは管理者にお願いし、毎月１回の発行がきちんと行われているかどうかをチェックしてもらうことにし、何とか復活することができたのである。

　この事例からも分かるとおり、行動の期限が月に１回と、やや曖昧であること、そしてその行動が誰からも監視されていないという状況であるならば、自分の設定した優先順位に従って行動することになってしまうのである。行動するということは、どのようなことであってもエネルギーを伴うものである。自分にとってメリットがあることであれば別であるが、そうでないならば後回しにされてしまうのは、むしろ自然のことといえる。大学のPDCAサイクルで重要と思われる、Doのプロセスをきちんと動かすためには、行動したかどうかが明確に分かるような、仕組みをつくることが不可欠となる。そして期限どおりの行動に対しては、感謝と承認のコメントを与えるということも、忘れてはならないことである。

　学習する組織となるためには、組織の構成員である教職員一人ひとりが考える習慣を身に付けること、さまざまな体験から学ぶことができるようになるといったことが求められることになるが、それだけでなく、組織としてPDCAサイクルが回るようにするための、仕組みづくりが重要なこととなるのである。

## ●OODAループ

　OODAループとは、Observe（観察）、Orient（方向づけ）、Decide（意思決定）、Act（実行）の頭文字を取ったもので、アメリカの航空戦術家であるジョン・ボイドが、目まぐるしく状況が変化していく戦場における思考方法を理論化し、提唱したものである。VUCAの時代といわ

れるように、組織を取り巻く環境が不透明で複雑化してきている現在、まずは計画を立ててからというPDCAサイクルよりも、状況変化に対して迅速に対応できるOODAループの有用性が着目されてきている。

　OODAループの流れとしては、まずはObserve（観察）のプロセスで、収集した情報やデータをもとにして、現状を正確に把握することになる。次のOrient（方向づけ）のプロセスでは、把握した現状から考えられる改善策を、仮説として構築するのである。そしてDecide（意思決定）のプロセスにおいては、仮説に基づいた具体的な実行策を選択し、最後のAct（実行）のプロセスで、選択した策を実行するということになる。考え方としては、仮説思考と同様なものであり、まずは計画を立ててということでなく、仮説を実行して、結果を見て修正していくというものである。

　OODAループとPDCAサイクルは相容れないもので、PDCAサイクルは定型的な業務の改善に、OODAループは新規事業の開発といった遂行の道筋が明らかでない業務にというように、使い分けるべきであるという考え方もあるが、私としては、むしろ両者を組み合わせて適用した方が、より適切な業務の進め方になるのではないかと考えている。

　前述のとおり、組織を取り巻く環境の変化が激しい中では、いろいろと考えている余裕はないので、まずは良いと思う策を実行してみるということが大切なことではあるが、どのような策でも、まずは実行してみればいいということではない。組織を取り巻く状況を、現状、可能な範囲で把握し、その中で効果を挙げられそうな仮説を見出し、それを実行していくということが求められることになる。すなわち、Doのプロセスの前に、ObserveとOrient、そして具体的に実行策を選択するDecideのプロセスを設定することが、効果の期待できるDoのプロセスをつくりだすためには必要なことになるのである。そして、実行の後にはその結果を観察、検証し、新たな状況の変化を踏まえた仮説を構築し、それに基づいた改善策を策定し、それを実行していくことで、状況を改善するマネジメントサイクルが適切に回るようになるのである。

また、このマネジメントサイクルを適切に機能させるために重要なことは、状況を正確に認識する力と、それに基づいて仮説を構築する力、そして迅速な行動力である。言い換えるならば、現場力ということになる。この現場力を鍛えるためには、現場の認識と判断を尊重すること、すなわち現場への権限移譲が必要となる。経営陣としては、自らの認識に基づいて、自ら判断したいという気持ちが、当然ながらある。しかし、状況の変化に応じた迅速な対応を、すべて管理者や経営陣が行うことは不可能であるし、判断が間接的な認識に基づくものとなってしまうため、適切でもない。

　私が以前いた大学で、定員割れからの回復を図る際には、幸いにして大幅な権限移譲があった。そのため、良いと思うことはすぐに実行に移すことができたので、スピード感をもって業務を遂行することができた。その反面、責任も重大であるということは十分に認識していたので、今思うと、よく働いたなと思うぐらいに業務遂行に打ち込んでいた。また。自己の判断が結果を左右することになるので、判断を支えるものとなる状況の認識ということにも、十二分に力を注いでいた。

　学習する組織となるためには、マネジメントサイクルが適切に回るための仕組みづくりに加えて、それを実際に動かしていく現場の洞察力と迅速な行動力を生む権限移譲が不可欠であると思う。

# 9　学習する組織に必要なこと

## ●組織の壁

　個々人のレベルではなく、組織として学習できるようになるためには、組織としてのまとまり、一体感が必要となる。組織として学習しているといえる状況になるためには、まずは考えるための基盤となる組織を取り巻く状況を、組織として認識しているという状態が求められる。ある特定の部門だけがその状況を認識しているということでは、組織と

しての認識とはならない。

　以前、ある大学の広報活動を支援していた際に、その大学が開設している学問分野の表現が、分かりにくいという意見が、複数の高等学校の進路担当教員から寄せられたことがあった。私としては、重要なことなので学内で共有し、改善策を考えるべきであると主張したが、広報部門の声は担当部門に全く受け入れられず、当然ながら表現方法に関しては何の改善も行われなかった。結果としては数年後、その表現方法は改められたので、おそらく、分かりにくいという高等学校の進路担当教員の声が、無視できないほどに、さまざまな形でその大学に伝わったためだろうと思われるが、その声が届いた最初の段階で対応を行っていれば、より早い改善が可能であったと思う。

　このように、担当部門が認識した状況を、大学全体の認識とすることができないという状況が生じてしまう一つの原因は、組織の縦割り構造と、そのことによる部門の壁の存在であると思う。縦割り組織とは、業務の内容別に部門を分け、それぞれの部門に責任者を置いて管理するという組織のつくり方である。それぞれの部門は担当が限定されているため、所属のメンバーは当該業務に精通することができ、専門性が高まることになるので、効率的に業務を処理することができるというメリットがある。また、部門の独立性も一定程度、認められているので、内部のコミュニケーションは緊密になり、親密な関係性も構築しやすい環境といえる。

　しかし、各部門の独立性があり、内部の人間関係も緊密という状況は、一方では独善的、閉鎖的な状態になりがちであるという、危険性も含まれることになる。独善的、閉鎖的になってしまうと、当然視野も狭くなるため、組織全体のことを考えにくくなってしまい、自分の部門のことだけを考えるようになりがちである。よく言われている、全体最適でなく部分最適を志向してしまうということである。

　私が以前所属していた大学でも、入口の学生募集部門からは、就職実績を良くしてくれないと入学者が集まらないとの声が上がり、対して就

職部門からは、良い入学者を集めてくれないと就職支援の効果が上がらず、優れた実績を出すことができないとの反論が出るという状況であった。これでは埒が明かないので、取った改善策は両部門を統合するというものであった。

　部門を分けて業務を遂行するということは、業務の効率化を図るためには有用な方法であり、ある程度の規模になれば、分けざるを得ないという事情もある。しかし、部門が分かれれば必ず自部門を優先するセクショナリズムが生じ、他部門が認識した状況、取得した情報を共有することが困難になってしまうのである。これを解決するためには、まずは可能な範囲での部門の統合を行うことである。特に連携・協働することで、成果を挙げることに結びつきやすいと思われる学生募集、教務、就職支援といった部門の統合を図ることが、望ましいと思う。

　私の知っている大学の中でも、いくつかの大学で部門の統合を行っている。もちろん、適切に運営できている例もあるが、また元に戻してしまったというような例も聞いている。ここでのポイントとしては、すべてのメンバーが、統合した部門の業務のすべてに、程度の差はあれ関わることである。そうでないと、各人の視野はあまり広がらないことになり、せっかく統合した部門内に、再びセクショナリズムが生じてしまうことになるからである。

## ●壁を壊す

　以前、読んだ本に、役員室、会議室をはじめ、社内の物理的な壁をすべて壊してしまうことで、社内の風土改革を行ったという事例が紹介されていた。大学において、なかなかそこまでの大胆な施設・設備改修を行うことは難しいと思われるが、意識の壁を取り壊していくことはできそうである。そしてそのためにまず必要なことは、各部門間の相互理解、そしてそれを促進させるコミュニケーションの活性化である。

　コーチ養成やコーチングプログラムの提供を行っている株式会社コーチ・エィが行った調査によると、「部門の壁を越えたコミュニケーショ

ンは活発ですか？」という問いに対しての回答は次のとおりであった（回答者 285 人）。

| | | |
|---|---|---|
| とてもそう思う | 13 人 | （4.6%） |
| 少しそう思う | 78 人 | （27.4%） |
| どちらとも言えない | 45 人 | （15.8%） |
| あまりそう思わない | 129 人 | （45.3%） |
| 全くそう思わない | 20 人 | （7.0%） |

　また、「部門の壁を越えたコミュニケーションは活発なほうが良いと思いますか？」という問いに対しての回答は次のとおりであった。

| | | |
|---|---|---|
| とてもそう思う | 222 人 | （77.9%） |
| 少しそう思う | 44 人 | （15.4%） |
| どちらとも言えない | 13 人 | （4.6%） |
| あまりそう思わない | 5 人 | （1.8%） |
| 全くそう思わない | 1 人 | （0.4%） |

　この結果から分かることは、ほとんどの人が部門の壁を越えたコミュニケーションを望んでいるにもかかわらず、実際は、あまり活発には行われていないという状況であるということである。

　なぜ、部門を超えてのコミュニケーションを、多くの人が望んでいるのに実現できないのだろうか。これは私の経験からもいえることであるが、最も他部門から口出しされたくないと思っているのは、ほかならぬ各部門の責任者である。このため、その機会となるような他部門とのコミュニケーションを、各部門の責任者はできるだけ避けたいと考えているのである。これが、部門間のコミュニケーションを妨げている内情といえる。

　そうであるならば、この状況を変える必要がある。そのためにすべきことは、各部門の責任者同士のコミュニケーションの場の設定である。ただし、ただ場を設定しただけでは、もともとコミュニケーションを望

んでいない者同士であるから、相互理解につながるような実質的な話し合いは望めないことになってしまう。このために必要となるのが、組織のビジョンである。

ビジョンとは、その組織の進むべき方向性を指し示すものである。例えばユニクロであれば、「本当に良い服、今までにない新しい価値を持つ服を創造し、世界中のあらゆる人々に、良い服を着る喜び、幸せ、満足を提供します。」というものであり、ローソンであれば、「私たちは"みんなと暮らすマチ"を幸せにします。」というものである。

各部門の責任者が、この組織のビジョンを共有したうえでコミュニケーションの場に臨むことができるならば、他部門を批判し合うような話し合いではなく、組織のビジョン実現のために各部門がどのように連携・協働を図っていくべきかという、きわめて建設的な話し合いとすることができ、行き来のできる、風通しの良い部門の壁に変えていくことができることになると思う。

# 10 組織として考える

## ●組織として考えるために必要なこと ━━━━━━━━

ある部門が認識したことを、組織としての認識にしていくことが、学習する組織となるためには不可欠なことであると書いたが、それが可能になったならば、次に必要とされることは、組織として認識した状況に対応した施策を、組織として考えていくということになる。この場合も認識と同じく、ある特定の部門だけで考えるということでなく、組織全体として考えるということが求められることになる。

考えるためには、解決しなければならない課題の存在や、いくつかの選択肢から最も適切なものを選ぶといった状況、すなわち、「どのようにしたらいいのだろうか」という問いが存在することが必要となる。今、多くの大学で感じている課題の一つに、入学者の確保ということがあ

る。どうしたら多くの受験者を集めることができるのか、第一志望の受験生比率を高めるために必要なことは何なのか、どのような広報が効果的なのかといった、さまざまな問いが当該大学に対して与えられている状況といえる。

　これらの問いに対して、もちろん入試広報部門が中心とはなるが、そこだけではなく、大学組織全体として考えていくという状態を、どのようにしてつくり出したらいいのであろうか。短期的な成果を目指すということでは、入試広報部門が担当している、大学の魅力の伝え方というような技術的なことが中心とはなるが、学生の満足度を高め、良い口コミを生み出すことによって受験生を増やしていくということであれば、個々の教員をはじめ、教務や学生支援を担当している部門の職員であっても、効果的な活動、施策を考えることは可能となる。

　大学全体で考えるというと、教職員が一堂に会して協議し、適切な解決策を考え出すといった状況がイメージされやすいと思う。もちろん、そのような方法も有用なものであり、そのような場を設ける必要性はあると思うが、それだけでなく、日常的に各部門、各個人が、それぞれの担当業務の中で対応策を考え、実行していくという状態をつくることが、考える組織となるためには大切なことといえる。

　では、大学がこのような状態となるためには、どのようなことが必要なのであろうか。それは、その大学が目指すべき姿、ビジョンを分かりやすく描くことではないかと思う。目指すべき姿が明確となり、それが教職員に共有されているという状態になるならば、教職員一人ひとり、そして各部門がどのようなことを考え、試行していくべきかということも明確になってくるからである。

　「本当に良い服、今までにない新しい価値を持つ服を創造し、世界中のあらゆる人々に、良い服を着る喜び、幸せ、満足を提供します。」というユニクロのビジョンを紹介したが、このビジョンが社員に共有されたならば、製造部門、マーケティング部門、販売部門が考えるべきことは、おのずと明らかになるということである。

## ●ビジョンの描き方

　私が現在、学長を務めている短期大学のビジョンとして示しているものは、「就職にも進学にも強い短大です」というものである。これは学長就任時、少しでも募集状況を改善するため、主として受験生向けのキャッチコピーとして考えたものである。もちろん、このビジョンだけからでも、ある程度、各部門がなすべきことは明らかにはなるが、具体性の程度は決して十分なものとはいえない。組織を動かしていくビジョンとするためには、もう少し明確に、分かりやすく表現しなければならないと考えているところである。

　私が行っている、企業や大学の管理者対象の研修では、部門のビジョンを描くことの大切さ、有用性を説いているが、その中で例として挙げている大学の部門のビジョンは次のようなものである。

> ○A大学の企画課の朝は元気な挨拶で始まり、明るい笑顔があふれる環境の中、常にお互いが協力しながら円滑に仕事を進めている。
>
> ○A大学の企画課では、毎日、メンバーから新しい提案が出され、それを試行し、修正していくことで、学生や社会に新たな価値を与えることのできる取り組みが実現されている。
>
> ○A大学の企画課では、常に業務の改善に取り組むことで、高い成果を生み出しながら労働時間の短縮が図られていて、働きやすい職場ナンバーワンとしてテレビ等でも取り上げられ、社会の注目を集めている。

　この程度の具体性があるビジョンであれば、所属メンバーも、どのような働き方を目指していけばいいのかが、明らかになるのではないかと思う。また、このビジョンは、「このような部門を目指します」というものでなく、「すでにそのような部門になっています」という表現になっている。これは聞いた話であるが、「目指します」という表現であると、脳は、現在は違う状態であるということを認識し、現在、なぜそのような状態であるのかの理由を探し出すようになり、その理由を見つけることで脳の活動は終了してしまい、理想の状態実現に向けての活動

が開始されないことになってしまうからである。また、構成メンバーに浸透しやすいように、映像が浮かぶような表現にすることが望ましいともいわれているので、この点も心掛けてもらうと、より効果的なビジョンになるのではないだろうか。

# 11　ビジョンを共有する

## ●当事者意識

　大学組織として考えられる状態をつくり出すためは、ビジョンを明確に描くだけでなく、それを教職員が共有しているという状態をつくり出すことが求められる。共有できるビジョンとするために、まず必要となることは、そのビジョン達成に関して当事者意識を持てるような状況とすることである。他人ごとではなく、自分ごととして捉えられるようになるならば、そのビジョンは与えられたビジョンではなく、自分のビジョンとなり、当然ながら共有されるということになるからである。

　当該ビジョンを自分ごととするために必要なことは、ビジョンを描くプロセスに参加してもらうことである。これは、言うのは簡単であるが、実際に効果的に巻き込んでいくことは、なかなか難しいことである。教職員や各部門に、ビジョン案をつくるようお願いしても、大学全体、そして大学を取り巻く状況をも視野に入れてビジョンをつくるということは、個人や各部門では適切になしえないことである。

　このため、現実的に実施可能なプロセスとしては、経営陣が各部門からの情報、意見を収集し、それをもとにしたビジョン案をつくり、各部門、各個人に対して担当する領域を中心に、意見を出してもらうというやり方である。このようなプロセスを経ることで、各自の担当する部門、関連する部門に関して、自分の意見が反映される、もしくは反映されなくても参考にされたということで、当事者として関わったという意識を持つこと、すなわち、自分ごととすることができるようになるので

ある。

## ●共有できるビジョン ─────────────

ビジョンの共有を図る第一歩として必要なことは、ビジョンを描くプロセスに参加してもらうことであると述べたが、それだけで十分な共有に至るケースは少ないと思われる。そのため、多くの組織では、さまざまな手法でビジョンの共有に努めている。

2013年と少し前であるが、厚生労働省により従業員規模30人～300人の中小企業を対象として行われた、「職場環境に関するアンケート調査」というものがある。それを見てみると、「朝礼や社員全体会議を通じて会社のビジョンを共有している」という質問に対して、75.3％もの中小企業が「YES」と回答している。確かに朝礼等で、企業理念など、ビジョンに類するようなものを唱和しているというのは、よく聞く話である。もちろん、しないよりはした方が、ビジョンの共有が促進されることは確かであるとは思うが、習慣となってしまい、意味を考えずに復唱しているだけ、ということになってしまうことも少なくないように思われる。

ビジョンを共有できるかどうかは、他人ごとなのか、それとも自分ごととして捉えられるかどうかにかかっているといえる。自分ごととなるためには、ビジョンと自分との関係性、すなわちビジョンを実現していくことが、自分の働きを意義あるものにし、自分の成長につながっていくものであるということが感じられるビジョンである必要がある。ビジョンの実現が経営陣にとっては意義あるものであったとしても、自分にあまり影響のないものであるならば、あえて共有する意義を感じないことになるからである。

もともと、経営陣と雇用されて働いている人の意識は異なっていて、経営陣はその組織の状況を良いものにしていく責任を中心となって担っているのに対し、構成員は、潰れては困るが、今よりも良い状態にするまでの責任は感じていないというのが通常の状況である。そのため、ビ

ジョンをつくる際には、働く人の満足度を高めることになり、働く人にとってメリットが感じられる要素を取り入れるということを心がけることが、共有されるビジョンとするためには大切なこととなる。

　トヨタ系のディーラーの中でトップの顧客満足度を上げている、ネッツトヨタ南国の経営理念は「全社員を人生の勝利者とする」というものであり、着実な成長を目指す年輪経営で知られている伊那食品工業の経営理念は「経営の目的は社員を幸せにすること。社員の幸せを通して地域や社会に貢献する」である。このようなビジョンであるならば、共有するなといわれても、共有したくなる。もちろん両社とも、極めて良好な経営を続けている企業である。大学のビジョン、目指すべき姿を考える際にも、忘れてはならない視点である。

## ●ビジョンのアウトプット

　経営理念、ビジョンを具体化したものに、クレドと呼ばれるものがある。従業員の「行動」に落とすために可視化された"企業理念"や"行動指針"のことと説明されているが、クレドという言葉から連想されるのは、わずか20年で世界を代表するホテルとなった、リッツ・カールトンである。同ホテルには、クレドのほかにモットー等を含む「ゴールド・スタンダード」といったものが定められていて、それが世界各地の同ホテルで働く、4万人の従業員に共有されていると言われている。その仕組みとは、次のようなものである。

① 　入社後のオリエンテーションでは必ず「ゴールド・スタンダード」の中身を徹底的に説明し、社員への期待を明確にする。
② 　スタッフ一人ひとりが「ゴールド・スタンダード」が印刷されたカードを胸元にしまっている。行動に迷ったときに、必ず見返せるようにしている。
③ 　毎シフトの始まりに、「ゴールド・スタンダード」の読み合わせを行っている。

ただし、これだけであるならば、経営理念の唱和を毎朝、行うという取り組みを、もう少し丁寧にしただけのようにも思えるが、リッツ・カールトンでは、このように「ゴールド・スタンダード」をインプットするだけではなく、従業員自らが体現したくなる仕組みづくりも用意されている。

　それは、さまざまな課題に対してチャレンジする機会や、客のために自らの判断で2000ドルまで使える権限といったものが与えられているということである。このような機会や権限が与えられていることで、「ゴールド・スタンダード」の中にあるサービスバリューズのトップに書かれている「私は、強い人間関係を築き、生涯のリッツ・カールトン・ゲストを獲得します」という目標の実現にチャレンジすることができるのである。

　このほかにも、従業員同士が「ゴールド・スタンダード」についてオープンに議論し、フィードバックする場が設けられていたり、今日一日の顧客対応を振り返る場が設けられ、そこで自らのとった行動が「ゴールド・スタンダード」と合致していたかどうかを確認したりすることができるようになっている。

　このように、経営理念やビジョンを、働く人に対してインプットするだけでなく、仕事をしていく中で、経営理念やビジョンに沿った考え、行動をできるようにし、自らがそれを体感できるようにすることで、ビジョンの共有が効果的に図られるといえよう。大学においても、そのような環境づくりを心掛けていく必要がある。

## ●個人のビジョンと組織のビジョン

　組織学習協会創設者のピーター・センゲが書いた『学習する組織』によると、組織の共有ビジョンは、個々人のビジョンを重ね合わせることによってつくられるとなっている。個人のビジョンとは、この組織で自分はどのような働き方をしたいのか、どのような風土の組織としたいのかといったことで、それをまとめることで組織の共有ビジョンをつくる

ということである。

　これは、数人程度の組織であれば可能であろうが、ある程度の人数の組織であると、命令系統の発動なしにまとめることは困難であり、膨大な時間を要することになるだろう。かといって、命令系統を発動したならば、実質的な共有を放棄することになってしまう。これを可能にするためには、組織のビジョンを、一つの文章としてまとめるということでなく、構成員の意識の中にある動的なビジョンをつくっていくと考えることが必要ではないかと思う。

　ビジョンに関しての話し合いを定期的に、継続して行い、ある程度の合意を得られる程度にビジョンを抽象化し、その抽象的な内容に関しての解釈、受け取り方は個々人によって異なっているというような共有状態をつくりだし、それを基にしてさらに話し合いを重ねていくというやり方である。こうすることによって、全員のビジョンは、厳密な意味では同じではないが、基本的な方向性は同じものとなり、その方向性の中で各自の立場や価値観によって、具体的な考えや行動が導き出されてくるといった状態となることができる。

　組織の共有ビジョンは、対話を重ねていく中で、変わっていくこともあるが、基本的な方向性は常に個々人に共有されているという、動的なビジョンのイメージである。

　このようなビジョンを持てたならば、日常的に各個人、各部門が、それぞれの担当業務の中でビジョン実現に向けた課題解決策を考え、実行していくという、まさに学習する組織となることができるのではないだろうか。

# ☑ 学習する組織 チェックリスト

いくつ当てはまりますか。

☐ 状況が悪化した場合、その原因を把握するように努めている。

☐ 失敗を改善の好機と捉える風土がある。

☐ 仕事上のミスが生じた場合には、その状況を記録し共有している。

☐ 仕事上のミスが生じた場合には、必ず再発防止策を考えている。

☐ 施策が成功した場合でも、その原因を把握するように努めている。

☐ 教職員が、仕事に関する個人の「問い」を持っている。

☐ 各部門のメンバーが、解決すべき部門の「問い」を共有している。

☐ 定型的な業務に関しては、マニュアルが作成されている。

☐ 部門を越えたコミュニケーションの機会が、定期的に設定されている。

☐ 部門の責任者同士のコミュニケーションの機会が、定期的に設定されている。

☐ 部門の編成について、定期的に見直している。

☐ 仕事のやり方について、常に改善を図っている。

# 第5章

● ● ●

# 組織開発の先駆者たち

# 北海道武蔵女子短期大学

## ——穏やかな組織風土が品格ある女性を育成

## ●沿　革

1967年　北海道武蔵女子短期大学（教養科）開学
1974年　英文学科を開設、教養科を教養学科に名称変更
1995年　経済学科開設
2009年　学生厚生棟竣工
2010年　新3号館竣工
2017年　3学科の入学定員を増員

## ●学科・入学定員

| 学科名 | 入学定員 |
|---|---|
| 教養学科 | 200人 |
| 英文学科 | 120人 |
| 経済学科 | 80人 |

　組織の健全度100％という大学はなかなかないと思うが、健全な組織風土という言葉から真っ先に連想されるのが、この短期大学である。危機的状況からよみがえったというようなドラマチックなストーリーでもなく、ずっと順調な状況ということもあるのか、また短期大学ということもあるのかもしれないが、優れた成果を挙げている割には成功事例として紹介されているケースは、Ｖ字回復を遂げた四年制大学の事例と比べると多くないようである。

　私がこの短期大学に注目したのは、学校経営に関する最初の著書である『実践的学校経営戦略』を書いた2009年であるから、もう10年以

上も前のことになる。その本の中で、優れた実績を挙げている私立の高等学校、専門学校、短期大学、大学を事例として紹介したのであるが、短期大学の部では候補校を探すのに少し難航した。というのも、この頃になると定員を確保している短期大学は多くなく、確保している短期大学も開設している学問系統の人気によるというケースが多かったからである。

　この短期大学を見つけたときは、少なからず驚いた。北海道武蔵女子短期大学は 1967 年（昭和 42 年）に教養科を擁する短期大学として開学され、その後、英文学科、経済学科を開設し、現在の 3 学科体制となっている。多くの人文・社会系短期大学が学生募集に苦戦する中、多くの受験生を集め、入学試験では適切な選抜機能を維持しているのである。また興味を惹かれた点として、開学以来、一度も学科名を変更していないということがある（1974 年に教養科を教養学科に名称変更しているが、これは実質的には変更ではない）。多くの短期大学が、英文科、国文科、家政科といった学科名を、カタカナの学科名に変える中、この短期大学が、取り巻く環境の変化に対して表面的に迎合することはせず、いかに本質を追求してきたかの証といえよう。

　それでも 18 歳人口の減少に加えて、短期大学進学率の低下という厳しい環境になってくると、高校生、受験生にアピールしそうな学科名に変更した方がいいのではないかという声も当然出てくることになる。しかし一方では、北海道武蔵を生徒に薦めてくれる高校の先生からは、学科名ではなく教育の内容で魅力を伝えていくという、その変わらぬ姿勢に対して高い信頼を寄せられているのである。

## ●就職の武蔵

　北海道武蔵女子短期大学は、1967 年（昭和 42 年）に教養科を擁する短期大学として開学した。短大名に「武蔵」とあるのは、東京にある武蔵大学の教育理念を、北海道の地でも実践したいと考えた同大学の卒業生たちが、この短期大学を設立したからである。実質的な創立者である

前理事長は、開学するにあたって地元の金融機関をはじめ産業界の人たちと、北海道における女子の人材育成に関して意見交換を重ねた。

　また、武蔵大学の教育理念である、豊かな教養を身に付けた人材の育成ということと、北海道という地域社会の発展に資することのできる女子の働き方といったことを重ね合わせて考えてみた。その結果、社会におけるさまざまな人との関わり合いを適切に行える、豊かな教養と人間関係力のある女性を育成することで、企業や地域の発展を下支えすることが、北海道武蔵女子短期大学に課せられた役割ではないかと考えたのである。すなわち、当初から就職ということを強く意識した短期大学の誕生であった。このため、前理事長自らも企業訪問等を積極的に行うなどして、現在の就職実績の基を築いていったのである。

　このように、創業期からの就職を強く意識した取り組みは現在に至るまで引き継がれ、素晴らしい就職実績という成果が生まれている。2020年度の卒業生（2021年3月卒業）で見てみると、就職者総数が346名、うち金融機関に59名、公務員・農協に32名、医療事務などに29名、IT関連職に17名、サービス・販売職74名とバラエティに富んでいる。そして職種で見てみると、事務職といわれているものに87名、総合職に63名が就職している。

　また、これまでは女子に人気の高い航空会社や旅行代理店といったところへ、多くの就職者を送り出していたが、このコロナ禍により、両業種の求人がなくなったことから、他の大学や短期大学との大きな差別化要素となっていた、この点の就職実績がなくなったことは大変残念なことである。ちなみに、コロナ以前の2018年度（2019年3月卒業）の就職結果を見てみると、客室乗務員などの航空関連に38名、旅行会社等に23名と、人気の高い両業種への就職実績は際立ったものとなっている。

　このような、優れた就職実績を生み出しているサポート体制を見てみると、教員アドバイザー、就職課、キャリアアシストセンターの三者が関わっている。大学教員の中には、就職指導は自分の仕事ではないと

いう意識の教員も少なからずいるが、ここでは1年次からゼミがあり、ゼミ教員の役割として、学習、生活、進路の三つの領域の指導・支援を担うということが皆に共有されているのである。これも、開学当初から就職を強く意識してきたことによるものといえる。就職担当部署だけのサポートであると、会いたい学生に会いたいときに、必ず会えるわけではないので、漏れのないサポートとなりにくい面もあるが、ここではそれを教員が補っているのである。

また、教員と職員で構成する就職委員会では、実際の就職サポートの現状や課題をもとに話し合いが行われ、学生の立場に立った新たなサポートが生み出されている。その一つがキャリアアシストセンターで、ここには資格を持ったキャリアカウンセラーが常駐し、具体的な就職活動に入る前段階の、一人ひとりのキャリア形成から、履歴書やエントリーシートの書き方、面接の練習といった実践的なことに至るまで、幅広い支援を行っている。

そして、就職ガイダンスの実施や求人情報の提供、求人先企業等の開拓といった全体に対しての就職支援・指導は、就職課が中心となってあたっている。シーズンになると、就職課には多くの学生が連日、訪れるようになるが、最近では、学生が来るのを待つだけでなく、必要に応じて電話等で状況を確認したり、情報を提供したりといった活動も積極的に行っている。このような、三者による漏れのない連携したサポートが、優れた就職実績に結びついているといえる。

このほかにも、就職に関して特筆すべきことがある。それは、大学案内やホームページに、すべての就職先を詳細に掲載していることである。どこの大学、短大でも、社会的に知名度の高い企業への就職実績もあるが、そうでない実績もある。そのため、ほとんどの大学、短大では、就職実績の掲載の仕方を、「主な就職先」とか、「過去3年間の主な就職先」といった形で掲載しているのである。

もちろん、この短大の就職実績が優れているということも、このようにすべてを表示することにした理由の一つかもしれないが、ほかの大

学、短大がそのような表示をしていない中にあって、あえてそのように
した理由は、それが受験生や社会からの信頼を得るうえでは必要なこと
であると判断した、健全な姿勢があったからであると思う。

## ●穏やかな組織風土

　実際にキャンパスを訪問してみると、事務室の雰囲気や、行き交う教
職員の表情等から、なんとなくその大学の風土が、うかがえるものであ
る。私も数年前に一度、訪ねたことがあるが、北海道武蔵女子短期大学
のそれは、一言でいえば、穏やかな風土というものである。その理由を
尋ねたところ、「昔からそうだったので、明確な理由は分からないが、
創業者の人柄ということになるのかもしれない」とのこと。ただ、それ
が現在も続いているのであるから、その風土を皆が良しとしているとい
う状況があるのだと思う。

　どの大学でも、働き方や意識の違いにより、教員と職員の関係性が課
題であるという状況が少なからずあると思われるが、この短大では昔か
ら教員と職員の仲が非常に良かったという。一緒に食事や飲み会、旅行
に行くことなどもあるとのこと。その理由は、お互いに相手の仕事の大
変さを理解していることにある。教員は、職員が毎日、決められた時間
に出勤し、広範囲な業務を担っていることについて、そして職員は、教
員が学生の教育・指導や校務について、時間を問わず関わっていること
について理解しているのである。すなわち、相手の楽なところを見て非
難するのでなく、大変なところを見て尊敬し合っているのである。どち
らの状態が、教員、職員にとって働きやすい状態をつくれるのかは明ら
かなことであるが、このことを可能にしているのは、相互交流に基づい
た相互理解ということにあるのであろう。コロナ禍の前までは、年間に
４回程度、教員、職員が一緒に飲んだり、話したりする機会を持ってい
たとのことである。

　事務局の中でも、同様な状況がある。どこの事務局でも、部署が分か
れることによって、全体最適でなく部分最適を志向する状態になってし

まうという課題がある。効率的に事務を処理するためには、部署に分かれることは必然的なことであるし、専門性が高まるというメリットもあるが、半面、部署内の人たちだけの関係性構築にとどまってしまい、他部署に対する理解が不十分になってしまうという、デメリットもある。

　北海道武蔵女子短期大学の事務局は、一部屋にすべての部署が入っている。そのため、他部署の状況がどのようなものかということについても、日常的に目に入ることになる。他の部署が忙しそうにしているのを目にしたら、手伝おうという気持ちになってくる。手伝ってもらった部署は「好意の返報性」と言われる原理どおり、今度はお返しに、相手の部署が忙しい時には手伝うということになる。このように、事務室内で、協力し合うサイクルが回っているのである。

　この雰囲気は、当然ながら学生にも伝わり、事務室前の来客対応用として設けたスペースが、今では多くの学生が集まる場になっているという。事務室の温かな雰囲気に魅力を感じた学生の中には、この短大で働きたいと希望してくる学生もいるという。また、この短大全体の風土は、学生の雰囲気にも影響を与えている。学生も年頃であるので、大声で笑ったり騒いだりといったことは、キャンパスではよく見かける光景であるが、ここではそれがないのである。明るい学生は多いが、落ち着いた感じの明るさなのである。就職を意識した風土ゆえなのか、明日から企業のオフィスに座っていても、違和感のない雰囲気なのである。つくるまでが難しいことではあるが、風土のパワーを感じさせられるものである。

　大学はもともと、穏やかな組織風土であったと思う。それが違うものになってきた要因の一つが、評価制度の導入ではないかと考えている。もちろん頑張っている人に対して、それなりの評価を与えるということは大切なことであるし、逆の人に対しては奮起を促すということも必要なことである。問題は、納得性のある評価となるかどうかである。

　教員や職員の働き方は、数字で表せないものがほとんどであり、入学者数や就職率といった数字で表せるものであっても、どの部門の誰の働

きが、その結果にどの程度の貢献をしているかといったことは、測りがたいことである。このような状況の中で、相手の業務のすべてを把握しているわけではない管理者が無理に評価をしても、納得できる評価にはなりにくい。

　北海道武蔵女子短期大学では、人事評価制度のメリット、デメリットの双方を考慮し、現状、評価制度は導入しないという判断をしている。私自身、適切な評価制度の構築については悩んでいるところであるが、意欲の向上と協力し合う風土の醸成という観点を比較して考えるならば、納得性の高い制度設計ができない限り、協力し合う風土がつくられにくいというデメリットの方が大きいように感じている。導入するのであれば、部署やワーキンググループなどのチームごとに適切な評価指標を設定し、それを達成したチームを顕彰するといった、シンプルな運営の方が良いのではないかと考えている。

## ●穏やかに動き続ける

　穏やかな風土の組織は、激しい環境の変化に対応するための、迅速な動きが生じにくいようにも思われる。しかし、無理のない、着実な動きは、穏やかな風土からこそ生じるものではないだろうか。この短大では、現場で働く教職員の意見が尊重されている。それだからこそ、自分たちで考え、自分たちできちんと実行していこうという、意欲が生じるのである。

　現場を重視し、尊重すること、そしてそのためには現場への権限移譲が必要であるということは、よく言われていることであり、その大切さは管理者も十分承知していることと思われる。それにもかかわらず、実際には現場への権限委譲がなかなかされないという状況がある。なぜかといえば、それは現場を信頼することができないからであり、その理由は、管理者が現場の状況を十分に理解していないからである。

　北海道武蔵女子短期大学の事務局には、理事長用のデスクが置かれている。もちろん、そこに常時いるわけではないが、必要に応じて事務局

に来て、事務局長と面談したり、事務職員と対話したりといったことが日常的に行われている。このことによって、経営のトップである理事長の現場認識が確かなものになっているのである。

　経営のトップが、現場の考え、動きをきちんと認識でき、それを信頼することができる状況となっていることで、初めて安心して現場への権限移譲が行われることになるのである。現場を認識したうえでの権限移譲なので、経営トップと現場との間での認識ギャップもなく、円滑に改善、改革のための活動が進行されることになるのである。

　短大を取り巻く環境が一段と厳しさを増す今日、短大としての価値を高めるため、社会のニーズに対応し、さらに能動的な人材育成を目指して日々努力しているところである。もちろん、四年制大学の設置ということも全く考えないわけではないが、「就職の武蔵」と言われる、北海道武蔵女子短期大学の強みに、さらに磨きをかけていくことを主眼としている。

　派手な動きはないが、経営陣と教職員、そして教職員同士が信頼し合い、現状をきちんと見つめた中で、知恵を出し合いながら、静かに、しかし着実に、学生にとって、社会にとって、働く教職員にとって「いい短大」となるべく歩みを進めている。北海道武蔵女子短期大学らしい、穏やかで確かな歩みといえる。

## ●問合せ先

北海道武蔵女子短期大学

〒001-0022　北海道札幌市北区北 22 条西 13 丁目

電話：011-726-3141　（代表）

# 北海道科学大学

## ──学生や地域社会へのブランド（約束）が推進する改革

## ●沿　革

1924 年　前身である自動車運転技能教授所 設立

1953 年　北海道自動車短期大学 開学（2017 年に北海道科学大学短期
　　　　　大学部に名称変更）

1955 年　北海道電波専門学校 開校（2009 年まで）

1967 年　北海道工業大学 開学

1974 年　北海道薬科大学 開学

2014 年　北海道工業大学を北海道科学大学へ改称

2018 年　北海道薬科大学が北海道科学大学と統合

## ●学部・学科・入学定員

| 学部名 | 学科名 | 入学定員 |
|---|---|---|
| 工学部 | 機械工学科 | 92 人 |
| | 情報工学科 | 90 人 |
| | 電気電子工学科 | 80 人 |
| | 建築学科 | 80 人 |
| | 都市環境学科 | 50 人 |
| 薬学部 | 薬学科 | 180 人 |
| 保健医療学部 | 看護学科 | 90 人 |
| | 理学療法学科 | 50 人 |
| | 義肢装具学科 | 30 人 |
| | 臨床工学科 | 70 人 |
| | 診療放射線学科 | 50 人 |
| 未来デザイン学部 | メディアデザイン学科 | 80 人 |
| | 人間社会学科 | 50 人 |

北海道科学大学の「ブランドアクションブック 2019」には、次のように ブランド・ビジョンが書かれている。それは、創立 100 周年となる 2024 年までに、「基盤能力と専門性を併せ持つ人材を育成し、地域と共に発展・成長する北海道 No.1 の実学系総合大学を実現します。」というものである。

　北海道科学大学では、ブランドを学生と地域社会に対する約束として捉えている。ブランドプロミスという、そのブランドが顧客に対して約束する品質や機能、価値を表す言葉があるが、顧客に対して大学の品質、価値を確実に保証するものとして、ブランドという言葉を使っているのである。これは、目指すべき状態を志向する単なるキャッチコピーとは異なり、その大学の強い信念を表しているものといえる。

## ●ブランド構築に向け、教職協働のプロジェクトがスタート ───

　同大学がブランドに取り組み始めたのは、2012 年に組織された将来検討委員会の活動からである。18 歳人口の減少といった、大学を取り巻く環境が厳しくなっていく中、複数の設置校を抱える学校法人として一体感を高め、教学体制、組織体制を見直していくことが急務であると感じた理事長、学長等の経営陣の働き掛けによるものであった。そしてこの動きを具体的なものにしていくため、改革の嚆矢として、若手教職員を中心としたブランディングに関する教職協働のプロジェクトチームがスタートとした。

　教職協働については、大学審議会や中教審の答申において、その必要性が強調されていて、今ではどの大学でも、組織を動かしていくための一つのキーワードとなっている。そしてその必要性については、大学の教職員も十分に認識していることではあるが、実際に教職協働での活動を行ってみると、それぞれの立場の違いによる視点の不一致といったことから、なかなか円滑には進んでいかないというのが現状といえる。

　その点を十分に踏まえてのことと思うが、この大学では教職協働のプロジェクトチームをスタートさせる際に、「レゴ®シリアスプレイ®」と

いうツールを使ったグループワークを行っている。レゴ®は、皆さんもおなじみのプラスチック製の組み立てブロック玩具であるが、それを使って、あるテーマを表す作品を仕上げるというものである。ここでのテーマは、地域に貢献する大学というものである。地域に貢献する大学とはどのようなものかを、チームメンバーがレゴブロックを使ってつくりあげるのである。

　それだけであると、チーム内の緊張感を和らげるワークというだけのものと思われるが、そこにはポイントとなるルールがある。それは誰かが一度つくったものは壊さない、そのまま残さなければならないというものである。例えば、誰かがつくったその形が不適切だと他のメンバーが思っても、それを含めた中で、テーマに沿った全体像を考えていかなければならないのである。

　これを３時間ほどかけて行ったという。この時に感じたことは、ゲームなので遠慮なく教員と対等に話し合えるということであった。また、他者の行動を否定せず、認めたうえで考えるというケースが多くあることから、おのずと他者の意見を尊重するという意識が醸成されたということであった。ここから始まった教職協働の取り組みにおいて、教職員の相互理解はますます深まり、お互いを尊重する気持ちも高まっていった。

　このような意識の変化は、2014年度から毎年行っている教職員を対象とした「ブランド意識調査アンケート」にも見られている。同アンケートは、ブランドに対する教職員の浸透・理解度や、ブランド・ビジョンや活動に対する共感・満足度などを調査しており、直近の３か年（2018-2020年度）では、ブランド・ビジョンに対する共感・満足度を問う設問において、肯定回答（とても満足、満足、普通、不満、とても不満の５段階評価のうち、とても満足、満足と回答した割合）が45.7%から63.0%と大きく上昇しており、ブランド浸透・理解が進むにつれ、ブランドに対する共感・満足度も徐々に高まりつつある。この他、自由記述においても、当初は無関心（記述なし）あるいは、批判的なコメン

トが散見されていたが、近年においては、好意的なコメントが増えると
いった変化を見せている。

## ●ブランドアクション

　学生や地域社会に対しての約束は、当然ながら具体的な活動なしには
実現することはできない。そのため、北海道科学大学では一人ひとりの
教職員が、どのように行動すべきか、その結果はどのようにして測定さ
れ、評価されるのかといったことが明確に定められている。どう行動す
べきかに関しては、次の七つのアクションルールが定められている。

| |
|---|
| 1.　地域貢献を日々、意識しよう。意識させよう。<br>2.　現状を常に数値として把握しよう。<br>3.　CAPDo（注）サイクルをまわそう。<br>4.　常に北海道「初」を目指そう。<br>5.　教職員が自ら、学生にロールモデルを示そう。<br>6.　グループ内に自分の活動を発信しよう。<br>7.　グループ内外に新結合をつくりだそう。 |

※筆者注：CAPDo とは、PDCA を応用した考え方で、最初に問題を把握（Check）して、
　改善案を検討し（Act）、計画を立てて（Plan）、実行する（Do）ことで、改善をより適
　切に迅速に行えるようにするものである。

　このアクションルールの中で特に興味深かったのは、まずは二つ目の
数値感覚を持とうというものである。最近は IR に代表されるように、
大学でも数字で状況を把握しようという傾向は強くなってきてはいる
が、それでも会議等において、感覚に基づいて話し合われるというケー
スはまだ少なくないように思う。この数値感覚が、三つ目の CAPDo
サイクルを適切に回すための基盤になっているのである。

　次は四つ目の、北海道「初」を目指そうというものである。このよう
なことが意識されると、発想がこれまでの延長線上ではない領域にまで
広がることになるし、失敗を伴うことになる新しいチャレンジが許容さ
れ、推奨されるという風土がつくられるものと思われる。そしてそのよ
うなチャレンジを、六つ目にあるグループ内で発信することで、有用な

アドバイスや協力体制も生じることになり、組織としてのチャレンジとなっていくことになる。

　また、五つ目の教職員が学生のロールモデルになるということも、言われてみれば当然のことではあるが、私の限られた知見では、実態として、そのような意識で日常の活動を行っている教職員は、あまり多くないように思う。学生に与える影響は、授業などの特定の活動に限定されるのではなく、教職員のすべての言動であることに思いが至れば、忘れてはならないことであると思う。

　この七つのルールを、教職員の日々の活動に結びつけるためのツールとして、ブランドアクションカードというものがつくられている。各人が、所属する課・学科の目標・方針を踏まえ、アクションルール7項目のいずれかに沿った個人目標を記入するもので、身分証と一緒に携帯するようになっているものである。「国家試験合格に向けた支援体制の強化」、「データ分析を通じて現状を分かりやすく伝える」、「北海道『初』を100個つくる」といったことなどが書かれている。計画遂行に向けて、教職員の適切な行動が生じないと嘆いている大学もあると思うが、このように行動のルールを明文化し、教職員に意識してもらうことで、相当程度の改善は期待されるのではないだろうか。

　このアクションルールに基づいて、一人ひとりの日々の活動が行われることに加えて、プロジェクト型の活動も行われている。すなわち、既存の活動の改善と併行して、新しい活動が毎年、数多く展開されているのである。プロジェクト型の活動は二つに分かれていて、一つが「＋PITプロジェクト」というものである。教育、研究、地域連携に関連した活動を組織横断型（教職学協働）のチームで行うもので、2019年度には19のプロジェクトが認定されている。その中を見てみると、「T型フォード再生プロジェクト」、「冬季における防災機能をもったキャンパスの構築」、「エゾシカと車両の衝突回避のためのスピーカーシステム開発」など、興味深いプロジェクトが並んでいる。

　もう一つが、「＋ARTプロジェクト」というもので、卒業生との関わ

りの維持、発展を目指すプロジェクトである。同大学では、同窓会活動の支援を強化するため、事務局組織として、2017年4月に総務課校友係を設置（2018年10月には校友課）するなど、卒業生同士の交流や卒業生と在学生との交流、そして卒業生と連携した学生支援といった活動が行われている。どこの大学でも、卒業生との関係性を維持するということに対しては力を注いでいるが、同窓会を通じてというものが多く、北海道科学大学のように、在学生との交流だけでなく、卒業生が大学と一緒になって、在学生の支援を考えていくというような例は少ないように思われる。卒業生を、大学が働きかける客体と捉えるだけでなく、主体的に大学に関わってもらうサポーターとして捉えているのである。卒業生との適切な関係性を図る、エンロールメント・マネジメントの効果的な展開例といえよう。

## ●ブランドアクションの成果を測定

　私自身、いろいろな大学の経営支援に関わった経験から感じていることは、大学の場合、活動の結果を明確にしないことが多いということである。誰も責任を負わないということで、穏やかな風土は保てることになるが、改善はなかなか進まないことになってしまう。大学を取り巻く環境が、恵まれていた時代はそれでもよかったのであるが、厳しい環境に変わってきた現在の状況においては、計画したことをきちんと実行すること、そしてその実行結果を振り返って評価し、できたこと、できなかったこと、不十分だったことを明確にし、次の計画に盛り込んでいかなければ状況は改善しないことになってしまうのである。

　北海道科学大学ではKGI、KPIを設定し、ブランドアクションの目標とそこに至るプロセス目標を数値化して管理している。KGIとはKey Goal Indicatorの略で、日本語では「重要目標達成指標」と言われるもので、KPIとはKey Performance Indicatorの略で、日本語では「重要業績評価指標」と言われるものである。KGIが組織の目標を達成するためのゴールであるのに対し、KPIはゴールに到達するために

達成すべき指標ということになる。

　同大学の KGI は、北海道の発展・成長に、現在最も貢献している大学と評価されることである。誰に評価されるのかといえば、在学生とその保護者、教職員、高校生とその保護者、高等学校の先生、地域社会の人、企業人といった人たちすべてである。そして、それらの人たちの何パーセントが評価してくれるのかといった数値を、サブの KGI として設定しているのである。

　在学生や高校生などの評価率というサブの KGI を達成するため、それぞれに一つないし複数の KPI が設定されている。例えば、卒業生が母校を北海道の発展・成長に、現在最も貢献している大学と評価する率は、サブ KGI として 70％ が設定されているが、それを達成するための KPI は 3 つ設定されていて、卒業生の大学満足度 80％、3 年以内の離職率 15％以内、寄付件数 100 件となっている。

　このように、最終的な組織目標を掲げ、それを構成する要素ごとにサブの数値目標を設定し、それを達成するために必要な目標を、きちんと数値で表すことによって、目標が具体的なものになり、進捗状況も可視化されることになるので、教職員の活動が生じやすくなるのである。まさに、教職員の意欲と努力に期待してということでなく、仕組みをつくることによって組織を動かしていこうとする、効果的、効率的な取り組みであると思う。

　また 2021 年度からは、大学のブランド（約束）を学生にも理解してもらうため、「Welcome Book」という冊子を入学時に配付し、新入生向けのガイダンスでは、若手の職員が直接説明し、ブランド浸透の場を設けている。

## ●職員の能力開発

　中期計画をきちんと策定し、着実に実行している大学の人たちに、「ポイントは何ですか」と尋ねると、計画策定のプロセスを重視するなど、いくつかのことが挙げられてくるが、共通して言われることは、「職員力」

ということである。これは、教職協働においても重要なことである。教員の専門性と職員の専門性が相まって、初めて効果的な教職協働となるからである。

　近年、SD（職員の能力開発）の義務化に伴い、各大学とも職員の研修等が盛んに行われるようになってきているが、北海道科学大学では、ここでも仕組に基づく計画的な実施が図られている。それは、職員に対して配付されている冊子、「HUS キャリア支援ガイド」というものである。

　この冊子の初めには、目指すべき職員像・求める人材像が明示されている。そして、そこに至るまでの人材育成の方針や、教育・研修の体系、職位ごとに求められる役割・能力が示されている。能力開発の手法は、日常の業務を処理しながらの能力開発である OJT（On the Job Training）と、通常の業務を離れて行う能力開発である Off-JT（Off the Job Training）の二つに分かれている。

　一般的に SD から連想されるのは後者であるが、ここでは OJT も重視されていて、業務と密接に関連した実践的な取り組みが行われている。分かりやすい例として挙げられるのが、入学式・卒業式の見直しである。従来からの式次第で行われる入学式や卒業式に対して、特に疑問を感じないという例が多いと思われるが、この大学のアクションルールの一つである「常に北海道『初』を目指そう。」というものに表れているように、現状を見直し、新しい形を模索することが日常的に行われているのである。

　入学式の目的を考えたとき、従来のような内容で本当に歓迎の気持ちが伝わるだろうか、新しい学生生活を始めるにあたっての、効果的な意識づけができているだろうかという疑問から始まり、教員を巻き込んで議論した結果、従来の式辞等は短縮し、代わりに在学生からの歓迎メッセージやジャズサークルの演奏、学長の本学で学ぶ意義に関するメッセージなどを加え、入学式の実質化を図っている。

　同大学の、職員採用情報サイトも職員たちの優れた取り組みによって

つくられている。ともすれば安定志向の人が応募しがちな大学職員であるが、これからは改革志向の人が必要であるとの問題意識から、職員の提案でつくられたものである。サイトを開くと、トップページに「北海道よ、熱くあれ」という熱いメッセージが書かれていて、それに続いて求める人材像、各部門の職員からのメッセージ、仕事内容の説明、そして最後に募集に関する情報が掲載されている。価値観を共有できる仲間を集めることの大切さを、十分に体感している職員ならではの発想であると思う。

　Off-JT についても、さまざまなものが用意されている。公募研修という制度は、職員自らが他大学の視察や研修会への参加といった研修企画を立案し、参加者を募って実施するというものである。自己研鑽に対する助成制度もあり、業務に関連する書籍の購入（年額 1 万円以内）や学会・研究会への参加（年額 3 万円以内）のほか、大学院への入学（入学金・授業料の半額）が助成されている。このほか、他大学への 1 週間程度の派遣研修といった制度もあり、視野を広げる良い機会となっている。


　北海道科学大学では、大学を動かしていくさまざまな領域において、活動の活性化を図る仕組みが、細やかに設定されている。これらの仕組みと、学生や地域社会に対してのブランド（約束）を、何としてでも果たそうという教職員の熱い志が組み合わさることで、優れた成果が生み出されているのである。

## ●問合せ先

北海道科学大学

〒006-8590　札幌市手稲区前田 7 条 15 丁目 4 番 1 号

電話：011-688-7613（理事長・学長政策室直通）

# KGI-KPI に関する資料

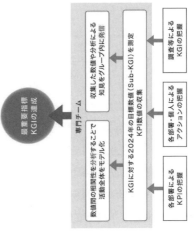

（「ブランドアクションブック 2019」p.21-22）

# 医療創生大学

―――一歩ずつ、着実な風土改革

## ●沿　革

1987 年　学校法人明星学苑いわき明星大学開学（理工学部、人文学部）
2007 年　薬学部開設
2015 年　教養学部開設、学校法人いわき明星大学設立
2017 年　看護学部開設
2019 年　学校法人医療創生大学に法人名称変更、医療創生大学に名称変更
2021 年　千葉県柏市に国際看護学部開設

## ●学部・学科・入学定員

| 学部名 | 学科名 | 入学定員 |
|---|---|---|
| 薬学部 | 薬学科 | 60 人 |
| 看護学部 | 看護学科 | 80 人 |
| 健康医療科学部 | 作業療法学科<br>理学療法学科 | 40 人<br>60 人 |
| 心理学部 | 臨床心理学科 | 60 人 |
| 国際看護学部 | 看護学科 | 80 人 |

　医療創生大学は、2019 年にいわき明星大学から名称を変更して誕生した大学である。「科学的根拠（サイエンス）に基づいた術（アート）を備えた慈愛（ハート）のある医療人の創生」を教育理念とし、現在、福島県いわき市と千葉県柏市に計 5 学部を開設している。
　今回は、医療創生大学のいわきキャンパス事務局における改革・改善

活動にスポットライトを当て、最も効果的な業務改善の視点とは何か、そしてその結果として、事務局組織の一体感の醸成が図られている取り組みを紹介したいと思う。取り巻く環境が一段と厳しさを増してくる今日、一体感のある組織づくりに取り組んでいる多くの大学で、参考になる事例である。

## ●職員が３分の１に

　学校法人分離等により、職員数が 67 名から 22 名へと激減した。通常であれば、業務は多忙を極め、ゆとりも全くなくなってくることから、当然ながら事務局内の雰囲気も悪くなるという事態が想像されるのであるが、ここは違っていた。私も、この大学の職員の何名かの方と研修で一緒になったことがあるが、皆さん明るいし、仕事に対する姿勢も非常に前向きなのである。職員数にゆとりのある大学でも、明るく前向きな風土をつくるのが難しいといわれている中で、この状況はどのようにして生まれたのだろうかという疑問が、この記事を書くきっかけとなったのである。

　この改革を推進した事務局長の鈴木久仁恵さんは、大学職員となる前に電気メーカーの SE・プログラマーとして働いていた経験があり、そこで小さな合理化の積み重ねが、大きな改善を生むということを経験していたため、今回の業務合理化に際しても、その考え方をもとに推進をしていった。

　まずは、現在、手間がかかっている業務をリストアップし、その原因について、職員間で意見交換を行った。その結果、調達申請書、出張許可願、出張報告書といった書類の処理が数も多く時間もかかるということが分かり、それらをすべて電子決済へと変更をした。このことにより処理の時間も短縮されたし、決裁の進行状況も見えるので問い合わせもなくなった。また公文書の回覧も、従来の書類を回覧するというやり方をやめて、グループウェアを使った電子回覧とし、印刷、回覧、ファイリングといった手間をなくしていった。

大学は各委員会も含め、会議の多い組織であるため、会議の効率化も不可欠の課題であった。そのため、会議の資料は事前にグループウェア内に掲載し、あらかじめ意見等も提出できるようにした。どの大学でも会議が多いという課題はあると思われるが、多少の時間が節約できる程度であるならば、あえて改善に着手しないという状況が多いのではないだろうか。しかし、まさに塵も積もれば山となるように、年間の節約時間ということで考えるならば、馬鹿にできない時間の浪費ともいえる。

　学生に対する告知も、掲示板への貼付と取り外しという手間を省くため、ポータルサイトでの告知に一本化した。これは、コロナ禍における検温管理や学生に対するアンケート、安全確認報告などにも活用でき便利であった。また、就職や奨学金、学生の出席状況といった情報を、保護者に迅速かつ手間をかけずに伝えるため、新たに保護者向けポータルサイトも導入した。

## ●各人の業務を可視化

　どのような業務を合理化すべきかを考える前提として、各職員がどのような業務を、どの程度の時間をかけて行っているのかということを、明確にしていった。職員が行っているすべての業務をリストアップし、所要時間とともにエクセルのシートに記入。この作業をしたことで、個々の職員が、これまで時間を意識せずに行っていた業務処理について、処理の時間を意識するようになった。現在も、毎日、各自が所要時間を記入しているが、残業時間は着実に減少してきている。また、業務の全貌が把握できたことで、各部署や各業務に必要な人員やスキルが判断できるようになり、繁閑状況に応じて人を部署間で移動させることも可能になった。

**業務管理表のイメージ**

| 大項目 | 中項目 | 小項目 | 時間計 | ○月××日 | | | | |
|---|---|---|---|---|---|---|---|---|
| | | | | A | B | C | D | E |
| 企画業務 | 起案管理(法人、大学全体) | 起案受付（決裁番号付番、管理簿登録） | 10.0 | 1 | | | | |
| | 起案(企画課内) | 起案管理簿登録 | 1.5 | | | 0.5 | | |
| | | 起案書保管 | 0.0 | | | | | |
| | | 起案作成等 | 2.0 | | | | 1 | |
| | 公文書管理 | 公文書受付（回覧） | 17.0 | | | | | |
| | | 公文書保管 | 0.0 | | | | | |
| | 郵便等 | 郵便、宅急便等の受付振分（課内） | 8.5 | | 1 | | | |
| | | 後納郵便の確認（郵便局員と） | 0.0 | | | | | |
| | 規程管理 | 規程（細則・内規等）新旧対照表作成 | 0.0 | | | | | |
| | | 規程管理システム入力 | 1.5 | | | | | 0.5 |
| | 内部監査 | 実施通知 | 0.0 | | | | | |
| | | 対象物監査 | 0.0 | | | | | |
| | | 報告書作成 | 0.0 | | | | | |

　業務の棚卸しをして、業務の全貌を把握することが業務合理化を図るためには不可欠であるということは、多くの管理者が認識していることだと思う。ただ、誰しも自分の業務がすべて明らかにされることを好まない傾向があるので、結果として業務の少なかった社員が引け目を感じることのないようにするなどの配慮が必要となるし、何よりも管理者との信頼関係が不可欠なこととなる。このようなことを整えずに強行しても、協力が得られないことから正確な実態把握ができず、成果に結びつかないことになってしまうのである。

業務の棚卸しをして、鈴木さんはこう感じたという。人員が３分の１になるという大変な状況ではあったが、この時に分かったことは、人が多く配置されている職場では仕事が細分化され、担当者が自分独自の作業をつくりだしがちなので業務量が増えてしまうということである。本当に必要なことを、適切かつ迅速に行えるよう知恵を絞ることで、労働時間を増やすことなしに業務改善を図ることは可能であるということである。

　確かに、人を増やしたのに、相変わらず忙しいという状態が変わらないという話は、よく聞く話である。

## ●朝の15分を活用

　たとえ勤務時間中であっても、少しの休みもなく業務処理を続けているわけではない。業務と業務の間に生じる、すきま時間に関するいくつかの調査があるが、それによれば一日のすきま時間は、平均して70分程度となっている。自分自身の経験からもいえることであるが、朝からフルスロットルで仕事に取り掛かれるというケースは少なく、なんとなくダラダラしてしまうという、すきま時間が生じることが多いように思われる。

　このような状況に関しても、同大学の事務局は上手にそれを活用している。それは、朝の15分間を、職員全員が共同作業をする時間として位置づけているのである。学生へ配布する学納金や成績に関する書類の封入作業や宛名シール貼り、机やカウンターをアルコールで消毒する作業や倉庫内の片づけなど、個人や担当部署だけで行うと時間のかかる作業を、皆で一緒に行うことによって短時間で終了させているのである。

　また、このような事務室内での作業だけでなく、キャンパス内の清掃も、この朝の15分で手掛けている。登校してくる学生へ朝の挨拶を行いながら、掃き掃除や除草作業を行っている。これによって、各自が大学の施設等に関心を持つようになり、敷地内の汚れているところ、壊れているところ、草が伸びているところ、修理した方がよいところを意識

するようになった。これは総務課の業務の支援ともなったが、何よりも大学が綺麗になったし、自分の手が加わることによって大学への愛着も増したようである。

このように皆が一緒に作業することで、すきま時間の有効活用になるとともに他部署の業務への理解も進むし、職員間の関係性も緊密なものになってくる。職場での、特に他部署とのコミュニケーション不足が課題となっている状況もあるが、このやり方であれば、改めてコミュニケーションの時間を確保する必要もないし、同時に業務も処理できるという、まさに一石二鳥の施策といえる。言われてみれば単純なことではあるが、なかなか気づけない視点であると思う。

私自身、他大学の業務効率化のコンサルティングを依頼されることもあるが、その際に最も強調していることは、職員同士がお互い、どのような仕事をしていて、現在、どのような状況かということを理解し合っている状態をつくることが、最も効果的な業務改善の方法であるということである。実際、職員として働いていた時、そのような状態をつくりだすことのできたチームにおいては、非常に多くの業務を、皆で協力し合って効率良くこなすことができていたのである。

この大学の事務局が、職員数の大幅減という困難な状況を克服することができたのは、電子決裁の導入等をして業務処理の効率化を図ったということにもよると思うが、それにも増して、この朝の15分間の共同作業で、相互理解に基づいた協力し合う風土をつくったということが、大きく貢献しているのではないだろうか。

## ●ビジョンを描き共有する

職員の自主性を尊重することが、改革のエネルギーを生み出すためには大切なことだと考えた鈴木さんは、「これが課題である、そのためには、こういうことをやりましょう」と、上から押し付けるやり方でなく、職員一人ひとりが今の自学をどのように感じているのか、どのような大学をつくっていきたいと考えているのかということについて、プレゼン

テーションをしてもらった。

　そして各人が発表したことについて意見交換を行い、自分たちが目指すべき大学の姿を共有したのである。それをもとにして、ではその姿に近づくためには、どのようなことをしていく必要があるのかということを話し合った。その結果、三つの重点課題が抽出された。この課題解決のため、部署横断のワーキンググループを三つ編成し（入試広報、学生支援、教育改革）、職員は希望するグループに入ってもらった。

　ワーキンググループは職員のみで編成されていたので、いくら良い計画を策定できたとしても、大学全体を動かしていくことにつながりにくいと考え、学内の委員会と連携していけるように、ワーキンググループのメンバーが関係する委員会の構成員となるようにして、ワーキンググループで考えたことが、実現しやすい組織編成に変えていった。

　どの大学でも、教務委員会や学生委員会といったものがあり、担当部門に関係する活動や業務の処理を行っていることと思うが、教員が中心に回しているケースも多く、時間も多くは費やせないという事情から、新しい改善や改革が生じにくい状況も少なくないように思う。それを補うものとして、この大学が行っているような、職員で編成するワーキンググループで十分な時間をかけて企画を立案し、それを委員会で多様な視点から検討し、大学の活動として実行していくというやり方は、大学を動かしていく仕組みとして優れたものではないかと思う。

　中長期の計画策定が義務づけられたことや、大学を取り巻く環境が、予想以上に早く厳しくなるといった環境下においては、どの大学でも将来計画を策定し、それを着実に実行し、成果へとつなげていくことが不可欠なこととなっている。そしてそのために、大学全体の計画を、各部門、各個人の目標と連動させ、実効性を高めるといった取り組みが行われているのである。

　ところが現状としては、なかなか順調に進んでいかない、立派な計画は策定したが実行される度合いが少ない、といった状況は少なくないように思われる。その理由の一つが、計画は人間が動かしていくものだと

いう、温かい人間理解の視点が欠けている、不足していることではないかと、この大学の事務局を取材してみて、改めて感じさせられた次第である。

### ●問合せ先

医療創生大学いわきキャンパス

〒970-8551　福島県いわき市中央台飯野 5-5-1

電話：0246-29-5111（代表）

# 静岡理工科大学

## ——やらまいか精神が推し進める改革

## ●沿　革

1940 年　前身である静岡県自動車学校開校
1991 年　静岡理工科大学開学（理工学部　機械工学科、電子工学科、知能情報学科、物質科学科）
2008 年　総合情報学部開設
2017 年　総合情報学部を情報学部に改称、理工学部に建築学科を開設
2022 年　理工学部に土木工学科を開設予定

## ●学部・学科・入学定員

| 学部名 | 学科名 | 入学定員 |
|---|---|---|
| 理工学部 | 機械工学科 | 75 人 |
|  | 電気電子工学科 | 60 人 |
|  | 物質生命科学科 | 55 人 |
|  | 建築学科 | 50 人 |
| 情報学部 | コンピュータシステム学科 | 60 人 |
|  | 情報デザイン学科 | 70 人 |

　静岡理工科大学は、1940 年に開校した静岡県自動車学校を前身とし、1991 年に静岡県袋井市に開学した大学である。開学の頃が 18 歳人口のピークであり、その後、18 歳人口の減少とともに志願者は減少傾向となっていった。そのような時に理事として着任した前理事長が、企業経営の経験を生かし、中期的な展望に立った大学経営を志向して第一次

の中期計画を策定したのである。この成果は明確に表れていて、計画がスタートした2007年が志願者数のボトムとなり、2011年には定員割れからの回復を果たしている。

　日本私立大学協会附置の私学高等教育研究所の調査では、2007年の中長期計画策定の状況は24.8％というものであったので、この大学の策定は全国的にも早い段階であったといえる。その後の同研究所の調査では、2010年には55.3％、2013年には76.2％、そして2018年には95.6％と、ほぼすべての大学が中期計画を策定するようになっている。取り巻く環境が、ますます厳しくなる中、中期計画の必要性、有用性が認識されるようになったことを示している。2020年には私立学校法が改正され、すべての私立大学に中期計画の策定が義務づけられることになった。

　このように、中期計画は策定されるようにはなったのであるが、残念ながら、それが必ずしも成果に結びついていないという状況もある。その主要な理由は、策定した計画を適切に実行できていないということである。計画は実行するのが当たり前ともいえるが、私たち個人の計画もそうであるように、強い意志や工夫された仕組みといったことがないと、実行されない計画になってしまう可能性は低くないのである。そこで今回、さまざまな工夫や意識づけをすることによって、策定された中期計画を適切に実施し、成果に結びつけている静岡理工科大学の事例を通して、その秘訣を探っていきたいと思う。

## ●現場の声を重視

　中期計画の策定は、計画が開始される年の2年前からスタートしている。現在の中期計画をスタートしてから3年目の年に、3年間の実施状況を踏まえて次の中期計画策定に着手するのである。その策定プロセスも大変丁寧で、まずは現場の責任者である常務理事や学部長、事務局の部長といった幹部教職員が、当該中期計画で目指すゴールビジョンなどの骨子を考え、その段階で全教職員にその内容を周知している。その

後、中間的な管理職も加えたメンバーで現状分析を行いつつ、各学部や学科、事務局の具体的な活動計画に落とし込んでいくのである。

　静岡理工科大学には、もともと現場の声、若手教職員の声を聞こうという風土がある。そもそも中期計画策定の中心となって、推進を担っていくのは企画室長という職員である。そして、基本戦略に基づく個別戦略策定の際にメンバーとして選ばれるのも、計画が実行され、それが成果に結びついていくときに、責任をもって大学を担っていくことになる年代の人たちとなっている。2022年の4月からスタートする第四次の中期計画においては、若手の教職員によって編成されたワーキンググループにより、学園全体のビジョンを考えるといった取り組みも始まっている。

　教育心理学における心理的行動に、ピグマリオン効果というものがある。教師が期待することで、その生徒の成績が伸びるといった現象で、人は期待されたとおりの人になるというものである。中期計画が、予定どおりに実施されるか、されないかを分けるものは、その実行にあたる教職員が、なんとしてでも計画を達成しようという強い意欲を持っているかどうかということである。

　この大学のように、現場で働いている若手の教職員の声を聞くという風土は、若手の働きが期待されているというピグマリオン効果を生み出すことになり、それが教職員の成長につながるとともに、中期計画の実行を着実なものにしていると考えられる。

## ●やらまいか精神

　静岡理工科大学の理念は、「豊かな人間性を基に、『やらまいか精神と創造性』で地域社会に貢献する技術者を育成する」となっている。「やらまいか」とは、「やろうじゃないか」「しましょうか」という遠州地方（静岡県西部）の方言であるが、単なる方言ではなく、遠州人の「あれこれ考え悩むより、まず行動しよう」という進取の精神を表すものと言われている。

この精神が、大学の基本理念として謳われていることから分かるように、この大学で尊重され、優先される価値観は、行動するということである。このような積極的な風土がベースとなって、策定された中期計画は、着実に、かつ迅速に実行されていくことになるのである。また、言葉が風土をつくるということも、よく言われることであるが、この大学では、「ものごとをすべて自分ごととして捉えなさい」という言葉がよく聞かれるという。もちろん一度や二度、言われたぐらいでは変わらないであろうが、繰り返し言われることで、意識も変化していくことになると職員の方も話していた。

　中期計画の進捗状況の共有を図るため、週に1回という頻度で、課長会議が行われている。緩慢な話し合いとならないよう、90分という制限時間を設定しているが、週に1回というと、忙しい業務の中、なかなかそのような時間を割けないという声も予想される。しかし、これは私自身も経験していることであるが、綿密な情報共有、相互の状況理解を図ることは、何よりの業務効率化策であるということである。個人プレイでなく、組織で動かしていく中期計画であるから、教職員間、そして部門間の連携・協働が適切に行われることが重要なことであり、それを可能にするのが緊密なコミュニケーションに基づく情報、状況の共有だからである。

　また、入学試験やオープンキャンパスといった、職員全員が関わるような活動に関しては、担当部門がリーダーシップをとって、全員を巻き込む形で進めていっている。このような共同作業の機会が、相互理解を生み、組織の一体感を醸成するものにもなっている。

## ●実行するための仕組みづくり

　大学という組織は、結果を明確にしない傾向があると常々感じていたが、静岡理工科大学では、PDCAサイクルをきちんと回すため、「何々をしました」という活動の報告だけでなく、その結果、どのようになったかという結果を明らかにするということを、中期計画を進めていく中

での必須のルールとして定めている。そして、目標がどこまで達成できたかを可視化できるようにするため、志願者数、入学者数、女子学生の比率、学生の満足度、財務指標といった重点項目に関しては、数値目標を明確に設定している。

　実行される計画をつくるための概念として企業等でよく用いられているものに、「SMART」の原則といわれるものがある。SMARTとは、Specific（具体的である）、Measurable（測定可能である）、Agreed（合意されている）、Realistic（現実的である）、Time-bound（期限が設定されている）という言葉の頭文字をとったものである。この要素が入っていない計画であると、行動する側もどのようにしていいのかが分かりにくいので行動が生じにくくなってしまうし、客観的な評価もできないことになってしまう。

　数値目標を立て、その達成状況を明確にするということは、当たり前のことともいえるが、大学現場においては、目標の書き方として「○○の充実」や「△△の強化」といった表現を用いることはよくあることで、結果報告でも、「○○の充実のために、このような諸活動を行いました」という例も少なくないように思われる。もちろん、何もしないよりは改善に向かうことになるであろうが、その歩みは遅々たるものになってしまうだろう。すべての大学が中期計画を策定し、実施しているわけであるが、成果の違いを分けているのは、この基本的なことができているかどうかであるように思う。

　中期計画の実行を担っている教職員の意欲向上についても、さまざまな工夫が行われている。中期計画の推進状況は人事考課と連動されていて、開始の時期は異なるが、現状では教員、職員とも、給与、賞与に反映されている（職員は昇級にも）。人事考課の効用に関しては、さまざまな意見が出されているが、頑張っても、そうでなくても同じ評価という状況は、意欲減退を招くことになるので、働き方の評価自体はあるべきであると思う。問題は、どのようにして評価される側に納得性があり、改善意欲、成長意欲につながっていけるような評価制度を設計できるか

ということである。

　静岡理工科大学では、教員に関しては、教育、研究、地域貢献などの評価項目が設定されていて、それぞれの項目に対しての自己評価をベースとし、それに学部長、学長などによる修正評価を加える形で実施している。ベースが自己評価であるから、納得性はあることになるし、自己評価をすることが、自分の一年間の活動を振り返ることのできる良い機会ともなる。教員の、他者からの評価を受け入れにくいという特性を考慮したものであり、次への改善にも結びつきやすい優れた制度といえる。

　職員に関しては、目標管理制度を導入している。事務局長が年度の基本方針を策定し、それを事務局の管理職が部課の目標に落とし込み、それをさらに個人の目標として配分するという形である。これによって、中期計画の中で事務局が担う領域に関して、漏れなくダブりなく実施していくことのできる体制を構築しているのである。この目標管理制度においても、ひと工夫が施されている。

　それは、自分のやってみたいことを、担当業務にかかわりなく申告できるようになっているということである。例えば、総務課などの管理部門の場合、普段の業務を行う中では、学生との接触の機会はあまりないのが通常であるが、学生ともっと接する機会を持ちたいと考える職員は、部活動の顧問といったような業務にも携わることができるというものである。このほか、担当業務とは直接は関係ないが、自分の成長につながるような取り組みにチャレンジすることも認められている。

　給与をもらって働いているのだから、与えられた業務を着実に処理していくということは当然のこととともいえるが、やはり人間であるから、そのような中にあっても自分の興味のある、やりがいの感じられる活動に従事できるという環境が与えられるということは、意欲が掻き立てられることであり、視野も広がることになると思う。このような、相手の側に立った、ちょっとした配慮が加えられることで、同じ制度の運用であっても、大きな成果の差が生じることになる。

また、教職員の働き方を顕彰する制度も用意されている。所属長の上申により選定される優良教職員表彰という制度では、報奨金も用意されている。授業評価等に基づいて選定される、ベストティーチャー表彰といったものや、指定の資格取得者に対する表彰もあり、教職員は頑張って当たり前ということではなく、きちんとそれぞれの働きを承認し、意欲を引き出す仕組みが設けられている。

## ●職員の能力向上

　中期計画を策定し、動かしていくエンジン役は、事務局が担うことになる。ここが強力なパワーを発揮できるかどうかが、中期計画の成否を分けるといってもいい。静岡理工科大学でも、中期計画の推進は各委員会が主体となっているが、その委員会は事務局の部課とリンクしていて、原案づくりなどの準備や実際の活動に関しては、事務局が担っている部分が多いといえる。

　そのような職員の能力開発を図る制度として、個人レベルのものと組織レベルのものが用意されている。個人的な活動としては、私立大学の団体が主催する業務別の研修会への参加や、幅広い分野の学びが提供されているオンライン研修への参加が挙げられる。いずれも希望すれば参加が認められ、業務とは直接、関係のないオンライン研修に関しても、参加費用の半額が補助されている。

　組織として行われているのは、学外研修報告会とテーマ別検討会である。学外研修報告会は、研修に参加した職員が、その内容を他の職員に説明するものである。学習の理解度、定着率を図るものに、「ラーニングピラミッド」という7段階のレベルを想定したものがある。それによれば、研修に参加しただけでは一番低いレベルの定着度であるのに対して、人に教えることで最高レベルの定着度になるとされている。参加した研修を無駄にしないだけでなく、個人の知を組織の知とできる有用な取り組みといえる。

　もう一つのテーマ別検討会は、若手職員が中期計画と連動したテーマ

について解決策を考えるというものである。管理職は入らないので、若手職員が自由に意見交換のできる場となり、それぞれの考える力を伸ばすことのできる良い機会となっている。

　組織の構成として、「2：6：2の法則」ということが言われることがある。リーダーとして引っ張る人が2割、普通に働く人が6割、きちんと働かない人が2割いるというものである。静岡理工科大学での職員育成では、もちろん全体の底上げを図ることを重視しているのであるが、それと同時に、リーダーとなる2割の養成にも力を注いでいる。チャレンジの場を与えつつも、状況を見て、本人のためにも組織にとっても適切な人材育成を図っているのである。科学的な視点と、人としての温かい視点の両方を兼ね備えた仕組みといえよう。

　2024年には、静岡駅近くに新キャンパスが誕生する。そこは、法人が設置するすべての設置校が、静岡を活性化するための活動を行う場となる。大学として力を入れていくことは、理工系総合大学としての資源を活用した地域との連携、産業界との連携である。ここでも「やらまいか精神」が、確かで力強い歩みを刻んでいくものと思われる。

●問合せ先

静岡理工科大学

〒437-8555　静岡県袋井市豊沢2200-2

E-mail：soumu@sist.ac.jp

電話：0538-45-0111（代表）

# 中期計画目標管理シート

| 区分 | 基 本 戦 略 | KPI (Key Performance Indicator) 重要業績評価指標 | | | 2017 (H29) 目標/結果/評価 | 2021 (R3) 目標/結果/評価 | KGI (Key Goal Indicator) 重要目標達成指標 | 2022 (R4) 目標/結果/評価 |
|---|---|---|---|---|---|---|---|---|
| 学生募集 | ・「研究力」を中心軸とした新しいブランドコンセプトに沿って、研究・教育・就職の成果を積極的に発信し、成績上位層の学生および大学院生の入学を増加させる。また、留学生、女子学生の増加を目指す。 | ①入学者数 | 学部 | | | | | |
| | | | 大学院 | | | | | |
| | | ②大学生の偏差値 | 学部 | | | | | |
| | | ③志願倍率 | 学部 | | | | | |
| | | ④成績上位層の高校(法人内高校を除く)からの志願者数 | | | | | | |
| | | ⑤県外からの志願者割合 | 学部 | | | | | |
| | | ⑥留学生在籍者数(入学式時点) | 学部 | | | | | |
| | | ⑦女子学生在籍者数(入学式時点) | 学部 | | | | | |
| 教育 | ・アドバンスト教育と成績下位層の学生の教育を両立させ、全ての学生の総合力(専門力×人間力)を高める教育を実現し、「学生が希望する就職」と「高い進学実績」を実現する。海外協定校との参加型ワークショップ及び英語教育を強化し、国際化教育を積極的に推進する。 | ①進路実績 | 学部 | 就職率 | | | | |
| | | | | 優良企業 | | | | |
| | | | | 大学院進学率(他大学含む) | | | | |
| | | | 大学院 | 内定率 | | | | |
| | | | | 専門的な技術職(研究、開発職など) | | | | |
| | | ②退学率 | 学部 | | | | | |
| | | ③主要科目の到達度試験実施 | 学科数 | | | | | |
| | | ④Ⅲ類科目のアクティブラーニング科目数 | 各学科 | | | | | |
| | | ⑤海外派遣日本人学生数 | | | | | | |
| | | ⑥学生の満足度調査 | 満足度 | | | | | |
| | | ⑦クラブ活動加入率 | 2年生 | | | | | |
| 研究 | ・教員の研究力を結集した先端的研究と、産学連携による問題解決型研究に積極的に取り組み、地域の研究拠点とする。 | ①科学研究費助成事業 | 採択件数(継続含む) | | | | | |
| | | | 金額(単位:万円) | | | | | |
| | | ②研究施設等の学外利用件数 | やらまいかエデュケーションサイト | | | | | |
| | | | 先端機器分析センター | | | | | |
| | | ③発明届の提出件数 | | | | | | |
| 地域貢献 | ・地域に役立つ研究はもとより、学生と協働して地域連携活動を推進する。 | ①産学コラボネットの参加企業数 | | | | | | |
| | | ②連携協定件数(新規) | | | | | | |
| | 総学生数(大学院含む)入学式時点 | | | | | | | |
| | 基本金組入前当年度収支差額(単位:百万円) | | | | | | | |
| | 事業活動収支差額比率 | | | | | | | |

# 実施計画シート（管理職用）

## 令和　年度　実施計画シート

| 職員NO | 氏名 | 印 | 等級 | 所属 | 部署 | 役職 | 作成日 | 承認者［上司］ | 印 | 担当責任者承認印 |
|---|---|---|---|---|---|---|---|---|---|---|
| | | | | 静岡理工科大学 | | | 令和　年　月　日・ | | | |

**【職務目標・業務課題目標】**

作成日　令和 年 月 日・
担当名　等級　役職

| NO | 優先度／目標区分 | 職務目標・業務課題目標（WHY）（何のために・なぜ） | 達成状態（WHAT）（どのような状態にするか）（どのレベルまで引き上げるか） | 方策・手段（HOW）（課題を解決するための手段・方法は何か） | 達成時期 | 設定度 |
|---|---|---|---|---|---|---|
| 1 | | | | | ／未 | a b c |
| 2 | | | | | ／未 | a b c |
| 3 | | | | | ／未 | a b c |
| 4 | | | | | ／未 | a b c |
| 5 | | | | | ／未 | a b c |

【目標区分】　1：職務目標　2：業務課題目標　【目標分担】　○：担当者　△：サポーター

**【一次評価者記入欄】**

| 【面談日】 年 月 日 | 【面談内容】 | 【特に指示した事項】 |
|---|---|---|
| | | 【設定度をaとした根拠】 |

注1) 職務目標については、上司から割り振られたことを目標として展開する。
注2) 業務課題目標については、現在の業務において問題となっている点、課題となっている点を上司とすり合わせのうえ、目標として展開する。
注3) 各担当の最重要業務目標の目標分担記号には☆を併記すること。
注4) 職務目標と業務課題目標を合わせてウエイトを1.0とする。作成者本人の目標分担欄にウエイトを記入する。
注5) 優先度については、ABCの区分で設定する。

# おわりに ── 事例紹介校の取り組みから感じたこと

　大学を取り巻く環境が厳しくなり、加えて大学に求められる機能が増大するという環境の中、計画的な運営を担保するため、すべての私立大学に中期計画の策定が義務づけられた。もちろん、計画なしの経営よりも計画に基づく経営の方が、成果に結びつく確率は高いわけであるが、計画の実行を担う教職員が、その計画を、責任感を持って着実に実行に移していけるかどうかという、新たな課題が生じてきている。

　私自身、これまでは、優れた戦略をいかにして策定するかということを最も重視してきた。もちろん、この重要性は変わることはないが、自分が学長を務めている短期大学の経営の中において強く感じていることは、策定した計画をいかにして皆で協力し合って、実行していけるかどうかが、最も重要なポイントであるということである。そしてそのためにまず必要なことは、組織の一体感を生み出すために不可欠な、どのような大学を目指すのか、どのような人材育成を図っていくのかという、大学のゴールビジョンの存在である。

　創立者の思いが承継されているケースや、教職員が意見交換しながら描いていくケースなど、それぞれのゴールビジョンの描き方は異なってはいるが、事例として紹介した大学では、皆、自学の果たすべき役割を踏まえた、社会への約束としての自学の在り方、あるべき姿を明確にしている。そしてその在り方が、教職員に共有されることで組織の一体感がつくり出されているのである。

　また、教職員相互の信頼関係構築に関しても、共通して力を注いでいる。ベストセラー『７つの習慣』を書いたスティーブン・R・コヴィーは、こう言っている。

　「高い信頼がお粗末な戦略を救うとは限らないが、低い信頼はほぼ間違いなくすぐれた戦略を挫折させる」と。

　大学改革の一つのキーワードとなっている「教職協働」も、この信頼

関係なしには実現することはあり得ない。信頼関係構築の第一歩は相互理解である。各大学とも、ゲームであったり、飲み会であったり、共同作業であったりと、さまざまな工夫を施して教職員の相互理解を促進する取り組みを行っている。そして、教員、職員が力を合わせて改革に取り組み、成果へとつなげている。

　まずはやってみるという、行動を喚起させるための仕組みづくりについても、さまざまな工夫が行われている。その一つが、現場を尊重し、その意見を聞くこと、現場への権限委譲がなされているということである。計画策定の段階から関わってもらうことで当事者意識を醸成し、現場への権限移譲を行うことで、現場視点ならではの気づきを生み出すとともに、主体的かつ積極的な行動を生じさせているのである。

　結果を明確にするといったことも、その一環である。どのような活動を行い、どのような結果となったのかということを明確にすることで、不十分であったこと、修正すべきであったことが明らかになり、新たな改善を生み出すことが可能になるのである。そしてそのことが、失敗や成功から学ぶことのできる、学習する組織へとつながっていっているのである。

　適切な行動を担保するための、能力開発にも力を注いでいる。改革が順調に進んでいる大学の人たちが共通に言うことは、中期計画の実施に必要なことは「職員力」であるということである。もちろん教員と協働しての活動が不可欠であるが、その活動の準備をし、サポートをしていくのは職員だからである。能力開発の手段として、外部の研修等に参加するといったことも有用であるが、日常の業務を通じて、アイディアを生み出す力、工夫していく知恵、周りの人たちを巻き込む力を身に付けること、そしてさまざまな活動の中で成果につながる道を見出すことのできる実践力を身に付けさせるということが、最も効果的な能力開発といえる。

　計画を、数値目標等を用いてきちんと策定し、定期的に進捗状況を確認しながら、計画の完遂に向けて組織を動かしていく、改革に成功して

いる大学のそのような話を聞くと、冷徹な合理性を重視した、やや機械的な歩みをイメージしがちである。それが、今回、紹介させていただいた大学の話を聞いていく中で、修正されていった。どの大学においても、合理的な運営の基盤に流れていたものは、人間理解に基づいた温かな視点であった。

　本田技研工業の創業者である本田宗一郎氏は、このような言葉を残している。

　「人の心に棲むことによって、人もこう思うだろう、そうすればこういうものをつくれば喜んでくれるだろうし、売れるだろうと言うことが出てくる。それを作るために技術が要る。すべて人間が優先している」と。すなわち、自動車を開発する研究所の仕事は、人間を研究することだということである。

　大学の改革も同じことだと思う。大学の営みの中心である「教育」は、学生という人間を対象としたものであり、その学生たちに価値を与える大学とはどのようなものかを考えることが改革の第一歩であり、中心である。そして、その改革を進めていくのも、教員、職員といった人間である。教職員という人間が、学生という人間に対して価値を与えることのできる大学をつくっていくための活動が、大学の経営であり改革である。この活動を円滑に、そして適切に進めていくには、人間を理解した仕組みづくり、運営が不可欠となるのは当然のことである。ここを忘れた取り組みは、いかに優れた戦略であっても、決して成果には結びつかないであろう。

　最後になって恐縮であるが、多忙な時期に貴重な時間を割いて、本書の取材にご対応いただいた北海道武蔵女子短期大学、北海道科学大学、医療創生大学、静岡理工科大学の関係者の皆様に心から感謝を申しあげたい。取り組みの重要な要素をきちんと漏らさず紹介できたかは、多少、心もとないところもあるが、改革に努めている諸大学の、多少でも参考になることができたら幸いである。

●著者紹介

岩田 雅明（いわた・まさあき）

群馬県に生まれる。群馬県立前橋高校から東京都立大学法学部法律学科卒業。職員として、コンサルタントとして、学長として学校のマネジメントに従事し、定員割れした大学や短期大学を急回復させた実績を持つ。現在は「組織を成功体質にする」をモットーに、大学や企業の経営コンサルティング活動を行う岩田雅明オフィスの代表を務めている。また、2015年4月より新島学園短期大学の学長を務めている。日本私立大学協会附置私学高等教育研究所客員研究員。国家資格キャリアコンサルタント。

著書に『高校生のキャリア・デザインと新しい大学・短大選び』『大学の戦略的広報』『戦略的大学職員養成ハンドブック』『生き残りをかけた大学経営の実践』（ぎょうせい）など。

連絡先：info@iwata-masaaki.jp

今、求められる大学の「組織開発」
生き残るために戦略より必要なこと

令和4年9月30日　第1刷発行

著　者　岩田　雅明

発　行　株式会社ぎょうせい

〒136-8575　東京都江東区新木場1-18-11
URL：https://gyosei.jp

フリーコール　0120-953-431

ぎょうせい　お問い合わせ　検索　https://gyosei.jp/inquiry/

〈検印省略〉

印刷　ぎょうせいデジタル株式会社　　　　　　　Ⓒ2022　Printed in Japan

ISBN978-4-324-11125-3
(5108794-00-000)
〔略号：大学組織開発〕